Économie et religion
Une relation équivoque

Religions et Spiritualité
fondée par Richard Moreau,
Professeur émérite à l'Université de Paris XII
dirigée par Gilles-Marie Moreau

La collection *Religions et Spiritualité* rassemble divers types d'ouvrages : des études et des débats sur les grandes questions fondamentales qui se posent à l'homme, des biographies, des textes inédits ou des réimpressions de livres anciens ou méconnus.

La collection est ouverte à toutes les grandes religions et au dialogue inter-religieux.

Dernières parutions

Hervé MÊHINTO, *La mangeoire. Préfiguration de l'Eucharistie et de la Croix*, 2023.
Alexandre KABERA, *Les paraboles de Jésus en Marc 4, 1-31. Fonctions narratives et considérations théologiques*, 2023.
Georges MISANGE, *Éthique comme harmonie du Monde. Introduction à l'éthique de la création*, 2023.
Ludovic RENAUDIN, *Vous êtes Signe visible de la présence de Dieu, Même dans certaines de vos épreuves*, 2023.
Francis BARBEY, *De l'infériorité de la femme dans les civilisations et les religions. Ou quand l'idéologie égalitaire devient un autre problème*, 2023.
Matthieu ROUILLE D'ORFEUIL, *Les chrétiens et l'irrationnel. Un monde, des mots et des hommes*, 2023.
Emmanuel VANGU VANGU, *Indissolubilité du lien conjugal et divorces remaries aujourd'hui. Points de repère pour une pastorale de la miséricorde,* 2023.
Valerry D. A. WILSON, *Saint Augustin et le statut de l'âme.* Tome 2, 2023.
Valerry D. A. WILSON, *Saint Augustin et le statut de l'âme.* Tome 1, 2023.
Thibaut GIRARD, *Chemin faisant. Pour une pastorale synodale*, 2023.
Elvis ELENGABEKA, *L'homélie en théorie et en pratique,* 2023.

Augustin BABOLOMA MABANGA

ÉCONOMIE ET RELIGION

Une relation équivoque

Préface de
Cécile Couharde et Aurélien Saïdi

L'Harmattan

5-7, rue de l’École-Polytechnique ; 75005 Paris

http://www.editions-harmattan.fr

ISBN : 978-2-14-034602-6

EAN : 9782140346026

Dédicace

À mes parents décédés, André Mabanga et Rose Dwe,

Je dédie cet ouvrage.

Préface de Cécile Couharde[1] et Aurélien Saïdi[2]

Il peut sembler déconcertant, de prime abord, pour un lecteur peu versé dans les pratiques de l'économie contemporaine, de voir un sujet comme la religion abordé, pour ne pas dire foulé aux pieds, par les représentants de cette discipline. L'entreprise, que d'aucuns décriraient comme blasphématoire, ne saurait pourtant surprendre les praticiens des sciences humaines et sociales tant la « science économique » a, durant toute la seconde moitié du XXe siècle, investi de plus en plus systématiquement des champs qui lui sont connexes, tels la sociologie ou le droit, ou des thématiques qui, jusqu'alors, tombaient hors de son giron, comme la famille et la criminalité, et qu'elle a su se

---

[1] Cécile Couharde est professeure d'économie à l'Université Paris Nanterre, directrice de l'École doctorale, économie, organisations, société – ED 396, et affiliée au centre de recherche EconomiX – CNRS. Ses domaines de recherche principaux portent sur les taux de change, les régimes de change, les processus d'intégration financière et monétaire, et les risques climatiques.

[2] Aurélien Saïdi est maître de conférences à l'Université Paris Nanterre, et rattaché au laboratoire EconomiX de l'Université Paris Nanterre. Normalien, agrégé d'économie et gestion comptable et financière, il soutient sa thèse de doctorat à l'Institut universitaire européen de Florence dans le domaine de la macroéconomie des prophéties autoréalisatrices, après un parcours pluridisciplinaire mêlant économie et gestion, histoire et socio-anthropologie. Ses thèmes de recherche ont longtemps porté sur la modélisation des anticipations, la dynamique complexe et les fondements de la politique économique dans les modèles de taches solaires. Ils se sont récemment recentrés sur l'histoire de la pensée économique du XXe siècle, avec un éclairage particulier porté sur la notion « d'école de pensée », dont il critique l'utilisation, privilégiant celle de « communauté ».

réapproprier. La religion ne fait pas exception à ce vaste mouvement, souvent taxé d'impérialisme économique.

Dans le chapitre 2 du présent ouvrage, Augustin Baboloma Mabanga revient, de manière assez détaillée, sur l'application au domaine de la religion de la boîte à outils de l'économiste. Cette adaptation fait abstraction de toute conception théologique, pour ne conserver qu'une vision très idéaltypique du croyant, consommateur rationnel en quête de biens ou de services cultuels. Elle dépossède également les institutions religieuses d'une partie de leur aura mystique, en les réduisant à leurs seules activités marchandes, ne retenant de leur participation à la vie sociale qu'un comportement de firmes, censées satisfaire la demande des croyants, dans une quête constante de maximisation du profit. Ces approches s'inspirent fortement de la théorie du choix rationnel, largement popularisée par les travaux de Gary Becker, et relayée par les contributions de James Coleman. Pourtant, si l'individualisme méthodologique imprègne fortement les littératures économique et sociologique du XXe siècle, son application à la sphère religieuse est bien antérieure, et précède de plus d'un siècle les études exhaustives que mène Max Weber sur le protestantisme, le judaïsme, l'hindouisme, ou encore le bouddhisme.

Augustin Baboloma Mabanga en retrouve des éléments saillants dans l'une des œuvres séminales de l'économie politique, *la Richesse des Nations* (1776). Adam Smith y propose une relecture du champ religieux en termes de pouvoir de marché, l'amenant à prôner une forme de pluralité des organisations religieuses afin de garantir le juste niveau de concurrence, susceptible de limiter les positions monopolistiques des Églises établies, d'inciter à la discipline et à la modération, tant le prédicateur que le croyant, et de veiller ainsi au respect des bonnes mœurs. Sans nullement remettre en cause le bien-fondé des thèses d'Adam Smith, détenteur de la chaire de philosophie morale à l'Université de Glasgow, il apparaît que leur pertinence tient moins dans leur contenu, que dans l'image qu'elles renvoient des interactions séculaires qu'entretiennent l'économique et le religieux. Tout l'objet du premier chapitre consiste justement à adopter un regard historique, destiné à retracer les principales mutations de cette relation tumultueuse, et de montrer distinctement le renversement définitif opéré par les Lumières écossaises. Du statut de sujet, le religieux devient progressivement un objet d'étude pour l'économie qui, elle-même, s'autonomise. Jusqu'alors rarement pensée en dehors des frontières de la philosophie morale et du religieux, l'économie se forge progressivement ses propres outils d'analyse, ainsi qu'un cadre épistémologique clairement identifiable. Dans ce long processus d'autonomisation, l'ouvrage d'Adam Smith peut être perçu comme un point d'aboutissement, le reflet d'un renversement irrémédiable du sujet et de son objet, qui s'avérait sans doute impératif afin que l'économie puisse se construire comme discipline scientifique à part entière. Si dans sa vision longitudinale, Augustin Baboloma Mabanga aborde des auteurs relativement incontournables comme Aristote ou Saint Thomas d'Aquin, il n'en délaisse pas pour autant des figures moins abordées par les ouvrages généralistes, à l'instar de Boisguilbert, mais tout aussi essentielles pour la compréhension des relations qu'ont entretenues (et que continuent d'entretenir) l'économie et la religion.

Enfin, Augustin Baboloma Mabanga fait siennes les positions d'Albert Hirschman et de Pierre Rosanvallon sur la normalisation de la notion d'intérêt, tant d'un point de vue moral que sémantique. Il revient, par exemple, sur le tour de force des Lumières écossaises d'assimiler l'intérêt privé à l'intérêt public, ou du moins, de tenter de démontrer leur nécessaire convergence, et de dédouaner ainsi la recherche de l'intérêt personnel de ses instincts les plus vils, une recherche susceptible – selon ses défenseurs – d'œuvrer dans le sens du bien-être collectif. Cette réhabilitation des intérêts au détriment des passions s'est accompagnée d'une institutionnalisation du marché comme fondement, mais surtout comme mode de régulation du social. Cette explication, qui se substitue aux théories du contrat social du XVIIe siècle, se fonde sur la propension naturelle des hommes à commercer et confère au marché la capacité de coordonner leurs intérêts personnels, pourtant divergents, et de conduire la société à une situation efficiente, où il n'existerait plus d'échanges mutuellement avantageux. Cette idée d'une autorégulation du social par les forces immanentes du marché sera largement battue en brèche par la doctrine sociale de l'Église qui, à partir du XIXe, va souhaiter le retour dans le jeu d'une forme de transcendance.

Pour autant, la relation qui s'instaure depuis le XVIIIe siècle entre l'économie et la religion, à la suite des penseurs écossais, s'en trouve définitivement modifiée, en ce qu'elle fait peser sur l'individu, à travers la mécanique du marché, toute la responsabilité de la cohésion du social, sans recours à une autorité supérieure. Mais n'est-ce pas là finalement, de la part des économistes, la substitution d'un dieu (qui ne dit pas son nom) à un autre ? C'est à demi-mot ce que semblent esquisser parfois les thèses du présent ouvrage. Et à y regarder de plus près, la parabole dont usent les figures tutélaires de l'économie moderne, comme celle de Léon Walras, afin de personnifier le marché, sous la forme d'un commissaire-priseur, d'un centralisateur omniscient et désintéressé, on ne saurait donner entièrement tort aux thèses ici défendues. L'Église va alors chercher une manière de soustraire les individus du choix binaire devant lequel la révolution industrielle les a placés, l'alternative entre une société juste, sans dieu, prônée par les thèses socialistes, galvanisée par les ravages socio-économiques de l'industrialisation, et une société guidée par une nouvelle forme de spiritualité, incarnée par le marché, qui promet l'accession de toutes et tous aux fruits de la croissance et du progrès.

Le troisième chapitre offre, à ce titre, une étude détaillée des positions – variées et changeantes – prises par l'Église, au cours des siècles, à l'égard du socialisme (d'inspiration marxiste) et du capitalisme, de Léon XIII à François. Cette lecture appliquée des grandes encycliques qui composent la doctrine sociale de l'Église n'est pas seulement celle d'un économiste. Elle reflète également le parcours atypique de son auteur, un ancien séminariste de la République démocratique du Congo, ordonné prêtre il y a une quinzaine d'années, ayant débuté sa carrière par l'enseignement des mathématiques et de la physique au petit séminaire Saint François d'Assise à Kotakoli, puis ayant rejoint la France en 2012, afin d'y poursuivre des études de théologie œcuménique à l'Institut catholique de Paris, ainsi qu'un master et une thèse en économie à l'Université Paris Nanterre. Cet ouvrage doit être appréhendé comme une réflexion à la fois scientifique et personnelle sur son champ disciplinaire et son office de prêtre diocésain. Il doit être exploré avec autant de sagesse et de bienveillance que celle dont le Père Augustin sait faire preuve quotidiennement à l'égard de ses fidèles et de son prochain. Les quatre années de doctorat durant lesquelles nous avons eu le plaisir de l'encadrer ont fini de nous convaincre tant de son incroyable sérieux, que de sa formidable humanité.

Cécile Couharde et Aurélien Saïdi

INTRODUCTION GÉNÉRALE

La religion est l'objet d'étude privilégié des sciences sociales. Elle revient de manière récurrente dans l'œuvre d'Émile Durkheim, qui entend l'étudier « comme un phénomène social » (Durkheim [1887] 1975, p. 149), ou encore « un fait social », au moyen de la méthode qu'il expose exhaustivement dans ses *Règles* de 1895, débouchant sur la définition qu'il en donne dans son ouvrage séminal de 1912, *Les formes élémentaires de la vie religieuse* : « un système solidaire de croyances et de pratiques relatives à des choses sacrées, c'est-à-dire séparées, interdites, croyances et pratiques qui unissent en une même communauté morale, appelée Église, tous ceux qui y adhèrent » (Durkheim [1912] 2014, p. 95-96).

Il serait vain d'en chercher une définition aussi générale dans l'œuvre de Max Weber. Pourtant, la religion y fait également preuve d'une présence constante. La voie empruntée est cependant différente de celle d'Émile Durkheim, ou de ses disciples, Marcel Mauss et Henri Hubert. Max Weber prétend cerner l'impact du religieux sur le comportement humain au moyen d'une analyse comparée des religions (protestantisme, judaïsme, islam, confucianisme, taoïsme, hindouisme, bouddhisme, etc.), seule manière selon lui de comprendre les particularismes, les spécificités culturelles ou géographiques, qu'une théorie globalisante ne saurait appréhender avec justesse. Pour autant, quand bien même la méthode compréhensive de Max Weber (Weber [1913] 2006) trancherait-elle avec l'approche holiste d'Émile Durkheim, ou encore le positivisme d'Auguste Comte, les Pères de la sociologie moderne s'accordent néanmoins sur l'importance des croyances religieuses – largement érodées par le progrès scientifique tout au long du XIXe siècle – comme facteur incontournable de cohésion sociale[3].

Bien que critiques à son égard, les sociologues du XIXe siècle ont trouvé dans la philosophie allemande de leur époque une véritable source d'inspiration, qu'il s'agisse de celle d'Emmanuel Kant, de Friedrich Hegel, ou de Friedrich Schleimacher[4]. Les théories d'Aristote ou de Platon sur la question ne leur sont pas non plus étrangères, de même que toute la tradition historique (celle de William Robertson Smith ou celle de James Frazer, notamment).

Pour la jeune économie naissante, la religion ne semblait pas représenter un objet d'étude naturel et évident. On la retrouve, cependant, ainsi traitée chez Adam Smith, dans *La théorie des sentiments moraux* (Smith [1759] 1999) et – sans doute plus étonnant – dans *la Richesse des Nations* (Smith [1776] 1991). À bien y réfléchir, il n'est pas surprenant que le travail d'émancipation de l'économie vis-à-vis de la philosophie morale, largement relayé dans l'œuvre foisonnante des Lumières écossaises du XVIIIe siècle, ait permis de déboucher à la fois sur la constitution d'une discipline autonome et sur la réappropriation de la religion comme objet d'étude, alors qu'elle n'aurait pu être étudiée de manière isolée quelques siècles plus tôt, tant les sphères religieuse et économique étaient étroitement imbriquées. Dans l'œuvre d'Adam Smith déjà, on peut lire une description de la religion avec les outils de l'économie moderne, les prémices du paradigme de l'*homo œconomicus* ou les mécanismes de l'offre et de la demande, indissociables de l'idée contemporaine de marché.

---

[3] On se rapportera sur ce point à Aron [1967] 2006, p. 309 et suivantes.

[4] Turner (2009), par exemple, relit Weber à travers le prisme kantien, alors qu'Andrew Abbott, dans sa première conférence au Collège de France, s'intéresse aux antagonismes entre Durkheim et Kant (Abbott, 2020, p. 13-34).

Laurence Iannaccone, dans son article thématique de 1998, publié au *Journal of Economic Literature*, rend d'ailleurs hommage à Adam Smith. Il lui confère un rôle pionnier dans l'émergence d'un nouveau domaine de recherche : l'économie de la religion. « Si l'étude de la religion – affirmait-il – ne mérite pas encore un numéro de la classification *JEL*[5], et encore moins le statut de sous-domaine dont elle jouit au sein de toutes les autres sciences sociales, elle peut néanmoins être considérée comme un nouveau territoire dans le domaine en expansion de l'économie » (Iannaccone, 1998, p. 1465). Force est de reconnaître que la religion n'a pas échappé au mouvement d'impérialisme économique qui, à travers la théorie du choix rationnel notamment, a su frapper l'ensemble des différentes sciences sociales au XXe siècle.

À cet égard, l'économie de la religion doit, selon Laurence Iannaccone, être clairement distinguée de ce qu'il nomme « l'économie religieuse », soit l'analyse des idées véhiculées par la foi religieuse pour juger des systèmes ou des comportements économiques. En filigrane, on retrouve, derrière cette distinction, l'opposition entre une approche plutôt normative, celle de l'économie religieuse (*religious economics*), ayant pour objet une économie (*economy*) pleinement encastrée dans la sphère religieuse, et une approche plutôt positive, celle de l'économie de la religion (*economics of religion*), analysant à l'aide de ses outils et de ses méthodes les décisions individuelles en matière de religion, à la lumière des impératifs dictés par la raison plus que par la morale. L'économie religieuse est un domaine aujourd'hui largement délaissé par les économistes, au

---

[5] Classification du *Journal of Economic Literature*.

profit des philosophes, des historiens et des théologiens[6]. Les mécanismes économiques[7] y sont décrits comme largement présents dans la pensée religieuse médiévale (Todeschini, 2017), qui, d'après Amintore Fanfani (1933)[8], aurait permis de produire une synthèse[9] entre les idées économiques et la morale chrétienne. L'Église aurait ensuite su adapter son discours sur l'économie, au gré des changements sociétaux et des pratiques socio-économiques (Lenoble et Toneatto, 2019).

L'abandon par les économistes des frontières de l'économie religieuse ne constitue pourtant pas un parti pris originel. Comme le souligne Oslington (2003)[10], la création de l'*American Economic Association* (AEA) en 1885 par des membres du Social Gospel a été en grande partie issue d'un mouvement religieux. La vision de son premier secrétaire, Richard Ely, était initialement d'introduire dans l'économie de l'éthique, et de répondre aux idéaux du Social Gospel : encourager la coopération et une plus grande égalité au sein de la société, tout en accordant un rôle clé à l'analyse historique et statistique. Ce faisant, l'AEA a conduit à des réformes fondamentales de la politique économique américaine, notamment l'assurance

---

[6] Une exception notable est celle des économistes travaillant sur l'Islam et analysant les systèmes financiers, bancaires ou assurantiels compatibles avec les principes de la loi islamique.

[7] Le « juste prix » abordé par Saint Thomas d'Aquin dans sa *Somme théologique* (1265-1272), ou les questions monétaires visées par le *Traité du franciscain Nicolas Oresme* (1320-1382), pour n'en citer que quelques-uns.

[8] Fanfani, Amintore, 1933. *Le origini dello spirito capitalistico in Italia.*

[9] Cette synthèse serait intervenue, à partir du XIVe siècle, dans le sillage de ce que l'époque moderne qualifie d'humanisme, puis parallèlement à la montée en puissance du protestantisme au XVIe siècle (Lenoble et Toneatto, 2019, p. 29).

[10] Oslington, Paul. 2003. *Economics and Religion*, Volumes 1 and 2, The International Library of Critical Writings in Economics 167, Edward Elgar, Cheltenham, UK, cité par Iyer (2016).

chômage et les lois sur le travail des enfants (Bateman et Kapste, 1999).

Aujourd'hui, l'économie de la religion a obtenu sa propre codification dans la classification JEL (Z12). Elle est débattue lors des réunions annuelles, qui rassemblent plusieurs centaines de chercheurs internationaux investis et intéressés par ces questions. Son périmètre déborde désormais celui de la théorie économique, pour toucher les domaines de l'économie publique, de l'économie expérimentale, de la macroéconomie de la croissance, ou encore de l'histoire et du développement économiques. Comme le soulignent très justement Chen et Hungerman (2014), le nombre d'articles économiques publiés dans ce seul domaine a été multiplié par six au cours de la dernière décennie. Cette augmentation met en évidence l'institutionnalisation de la religion comme objet d'étude de la recherche économique (McCleary, 2011).

Les économistes contemporains y analysent les interactions entre l'économie et la religion, à l'aide des outils et méthodes qui leur sont propres, à l'instar des applications proposées par Gary Becker aux thématiques de la famille ou de la criminalité. Ils cherchent ainsi à montrer comment les modèles économiques, basés sur des hypothèses de rationalité, peuvent aider à la compréhension des croyances, des normes et des valeurs religieuses, et à explorer comment la religion et, par extension, la morale ou la culture, affectent les attitudes et les activités économiques des individus ou des groupes sociaux. Friedman (2011), par exemple, soutient que l'évolution de l'économie, telle que nous la connaissons aujourd'hui, a été profondément influencée par les changements intervenus dans les croyances religieuses au XVIIIe siècle.

Ces influences de la pensée religieuse, dès le départ, ont non seulement favorisé la diffusion ultérieure de la pensée de Smith, en particulier en Amérique, mais ont également façonné le cours de sa réception. Le résultat final a été une variété de résonances fondamentales entre la pensée économique et la pensée religieuse qui continuent d'influencer notre discussion publique des questions économiques, et notre débat public sur la politique économique, aujourd'hui.

[Friedman, 2011, p. 166]

À l'inverse, l'économie de la religion étudie également la manière dont les institutions politiques ou économiques affectent les comportements religieux. Il est désormais largement admis par l'ensemble de ces recherches que religion et économie entretiennent des liens étroits et que, contrairement à ce que prédisait la thèse de la sécularisation, la religion ne constitue pas un phénomène voué à disparaître.

Problématique et structuration de l'ouvrage

L'objectif de cet ouvrage est d'analyser dans une perspective historique les principales transformations du lien entre la pensée économique et la religion. Plus précisément, nous analysons comment l'économie s'est progressivement dissociée de la religion, pour parvenir à s'institutionnaliser sous la forme d'une discipline autonome, indépendante de la philosophie morale. Nous étudions les réactions de l'Église et de sa doctrine sociale à l'égard de ce mouvement d'autonomisation, et la redéfinition constante des liens entre économie et religion qui en découlent. Pour ce faire, l'ouvrage s'organise autour de trois chapitres.

Le **premier chapitre**, en s'appuyant sur les textes des grands conciles théologiques, de la pensée scolastique et des Lumières écossaises, analyse d'un point de vue historique, la dynamique de la séparation de l'économie vis-à-vis du religieux. Plus précisément, il s'agit d'analyser le passage du concept d'intérêt personnel ou *self-interest*, la recherche d'avantage personnel, du champ religieux à la sphère économique. Ce chapitre démontre que la science économique est le résultat de l'émancipation de la sphère économique vis-à-vis de la morale religieuse, à laquelle ont largement œuvré les Lumières écossaises de la fin du XVIIIe siècle. Cette émancipation s'opère par la substitution de la notion d'intérêt économique à celle de passions (souvent présentées comme mauvaises par l'Église), substitution qui prévaut déjà dans le discours des contractualistes du XVIIe siècle.

Jusqu'à la fin de Moyen Âge, on compte sur l'Église et sa morale pour exercer une force de compression suffisante sur l'individu afin de le détourner des passions les plus destructrices. Ainsi, dès le IVe siècle, à travers les conciles œcuméniques et les écrits de ses Pères, l'Église condamne les passions jugées immorales, notamment celles liées à la recherche du gain, au taux d'intérêt usuraire, ou au profit commercial, considérées comme contraires à son idéal communautaire de la richesse.

La condamnation de ces passions s'exerce au Moyen Âge avec d'autant plus de sévérité que les « faits économiques étaient à l'origine encastrés dans des situations qui n'étaient pas en elles-mêmes de nature économique, non plus que les fins et les moyens qui étaient essentiellement matériels » (Polanyi *et al.*, 1975, p. 237). Dans cette logique d'encastrement des pratiques économiques au sein de la sphère sociale (Le Goff, 1986, p. 23), toute référence au discours économique, notamment pour ce qui relève de l'intérêt personnel, est nécessairement ancrée dans des préceptes religieux.

Une timide réhabilitation de la notion de l'intérêt intervient dans les écrits de Saint Thomas d'Aquin. Il faut attendre le XVIIe siècle pour que les théoriciens du contrat social, à travers leur conception de la propriété et de la monnaie, n'opèrent un véritable retour en grâce de l'intérêt personnel. Leur « arithmétique des passions », pour reprendre la terminologie consacrée par Rosanvallon (Rosanvallon, 1999, p. 11-19), préfigure la séparation définitive de l'économie d'avec la philosophie morale (telle qu'elle surviendra chez les penseurs écossais du XVIIIe), mais reste encore solidement ancrée dans la morale religieuse, en ce que l'assentiment des individus aux principes moraux sur lesquels repose le social proviendrait d'une obligation morale transcendante. Aussi, si les théories du contrat permettent d'apporter une explication politique et amorale au fondement du social, résultat de la confrontation raisonnée des intérêts individuels, elles ne permettent pas de résoudre la question de sa régulation (sans recours à des explications moralistes).

En réponse, les Lumières écossaises, à l'instar d'Adam Smith, vont permettre de soustraire la notion d'intérêt au champ du religieux. À cet effet, la métaphore de « main invisible » – dont les prémices sont déjà présentes dans les écrits de Boisguilbert et des jansénistes aux XVIIe et XVIIIe siècles – joue un rôle prépondérant. L'intérêt personnel, indissociable de l'idée de marché, y est jugé louable en ce qu'il contribue au bien commun. Il fait ainsi écho, dans le champ du religieux, à la notion de « bienveillance », qui est l'objet d'éloges et d'approbations. Délestée de toute contrainte morale, l'économie peut alors se constituer en discipline autonome, couronnant le vaste mouvement de « sortie de la religion », sécrétée par le christianisme et décrite dans l'œuvre de Marcel Gauchet[11].

[11] Marcel Gauchet, dans ses ouvrages *Le désenchantement du monde. Une histoire politique de la religion* (Gauchet, 1985) et *La religion dans la démocratie. Parcours de laïcité* (Gauchet, 1998), analyse l'histoire chrétienne comme une histoire de la sortie de la religion. Cette sortie ne

Le **deuxième chapitre** de cet ouvrage montre comment l'économie a modifié la manière d'aborder le fait religieux en modelant la religion comme un objet d'étude propre. C'est notamment l'ouvrage *la Richesse des Nations* (1776), dans lequel Adam Smith analyse les pratiques religieuses sous le prisme de la notion d'intérêt personnel, qui va jeter les bases d'une économie de la religion qui se développera à la fin du XXe siècle. Le fait religieux y est ainsi décrit avec les concepts de l'économie politique ou, dans une forme plus contemporaine, de la théorie utilitariste, comme un bien faisant l'objet d'échanges sur un marché, dont les fonctions d'offre et de demande découlent des choix rationnels des individus qui le composent.

Les économistes analysent ainsi la religion comme objet à part entière, à l'aide des catégories économiques ou des outils et méthodes qui leur sont propres, pour expliquer les comportements des individus et des groupes dans la sphère religieuse, et analyser la manière dont ils sont susceptibles d'influencer l'économie. En expliquant de tels comportements généralement non marchands, ils montrent comment les modèles économiques peuvent aider à la compréhension des croyances, des normes et des valeurs religieuses, et explorent les différentes manières dont la religion et, par extension, la morale ou la culture, affectent les attitudes et les activités économiques des individus, des groupes et des sociétés.

Ce faisant, l'économie de la religion permet également de reconsidérer les liens entre économie et religion en montrant la présence d'un lien entre le comportement

---

signifie en aucun cas la fin des croyances religieuses mais « la sortie d'un monde où la religion est structurante, où elle commande la forme politique des sociétés et où elle définit l'économie du lien social » (Gauchet, 1998, p. 13). En d'autres termes, la sortie de religion marque « le passage dans un monde où les religions continuent d'exister, mais à l'intérieur d'une forme politique et d'un ordre collectif qu'elles ne déterminent plus. » (Gauchet, 1998, p. 14).

économique rationnel des agents et leur comportement culturel et religieux. Suivant cette logique, des auteurs cherchent à montrer comment la religion affecte la croissance économique, en distinguant des traditions religieuses particulières telles que l'islam, l'hindouisme ou le catholicisme. On trouve également un grand nombre d'études économétriques qui examinent l'impact de la religion sur des variables de comportement telles que la propension à l'épargne, l'entreprenariat, la confiance dans le marché, le respect de la loi, ou sur des systèmes de valeurs contenus dans l'attitude vis-à-vis du travail des femmes, la tolérance à l'égard des autres religions, etc.

Le point commun à toutes ces recherches est que la religion est analysée sous le prisme de la rationalité économique, sans aucune considération des valeurs morales véhiculées par les croyances religieuses considérées.

La religion, quant à elle, si elle ne s'attaque pas aux thèmes spécifiques à la science économique, défend cependant une vision de la propriété, une conception du travail, un usage de l'argent, et des principes qui ont un effet réel sur l'économie. Cette vision qui s'inscrit plutôt dans le champ de l'économie religieuse est notamment largement présente dans la doctrine sociale de l'Église. C'est pourquoi le **troisième chapitre** de cet ouvrage propose une analyse historique de la vision que porte l'Église sur l'économie, au regard des valeurs qu'elle défend. De cette analyse, il ressort une certaine stigmatisation, moins de l'économie moderne elle-même, que de la manière dont elle structure nos sociétés et de la place singulière qu'elle confère à la notion de marché.

Pour l'Église, la vision d'une économie autorégulée via les mécanismes de marché, détachée de toute valeur morale, qui aurait substitué à la religion une forme aboutie de providence laïcisée, semble éloignée de la vision originale de l'économie. Les assertions économiques, issues notamment de la théorie néoclassique, qui décrivent la logique du marché comme seule apte à structurer et réguler la vie sociale dans sa globalité, prêchent les bases d'un déisme sans Dieu. Dans cette logique, l'économie néoclassique apparaît comme une nouvelle religion[12], « le type de religion dont le christianisme nous apprend à sortir depuis deux mille ans, c'est-à-dire une religion dogmatique qui prétend au nom d'un savoir extérieur à l'expérience humaine dicter aux autres ce qu'ils doivent faire » (Giraud, 2018, p. 145).

L'Église, au travers de sa doctrine sociale, prône une vision théologico-économique de la vie socio-économique. Elle prêche une conception de l'économie fondée sur la transcendance, limitant la logique du marché au seul domaine marchand, et conférant aux valeurs morales le soin de réguler la vie sociale. Le message ainsi délivré vise à réconcilier l'économie et les valeurs morales, en reconnaissant les aspects positifs de l'économie de marché en matière de propriété privée, de liberté d'entreprendre, de création de profit, etc. La doctrine sociale admet tacitement que le système capitaliste est susceptible de satisfaire une partie des besoins humains en assurant les fonctions de production et de distribution des biens de consommation. En revanche, ces fonctions sont nécessairement limitées et doivent être complétées par une référence constante à Dieu, seule susceptible de mener chaque individu sur le chemin de son entière réalisation, et de garantir entre eux une parfaite convivialité.

---

[12] Plusieurs auteurs analysent l'économie comme une religion, voir, par exemple, le livre de Foucard, S., *Des marchés et des dieux. Quand l'économie devient religion*, Grasset, Paris, 2018. Pour Loy (1997), avant le XVIIIe siècle, le marché était ancré dans les faits sociaux, notamment dans la religion alors que le système économique actuel s'apparente à une religion, reposant sur la croyance d'un marché autorégulateur.

Tout comme le discours religieux tient compte des raisons et des exigences de l'économie, le discours économique doit pouvoir rester ouvert aux questions morales et religieuses. Nous affirmons ainsi, à la suite de la doctrine sociale de l'Église, que « la distinction nécessaire entre morale et économie ne comporte pas une séparation entre les deux domaines, mais au contraire une réciprocité importante » (*Compendium de la doctrine sociale de l'Église catholique*, § 331).

CHAPITRE I
L'INTÉRÊT PRIVÉ AU PRISME DES CONCEPTIONS THÉOLOGIQUE ET PHILOSOPHIQUE DE L'ÉGLISE

Introduction

Jusqu'au Moyen Âge, les références qui imprègnent le discours économique, restent fondamentalement ancrées dans les préceptes religieux. Les objets économiques revêtent un caractère éminemment social. La richesse, par exemple, n'est pas la propriété de l'homme qui la détient, mais appartient à la communauté dans son ensemble (Saint Thomas d'Aquin [1274] 1999). Aussi, la recherche de l'intérêt personnel, entendue (dans son acception contemporaine) comme le seul critère de la maximisation du profit économique par un individu ou un producteur, contrevient à l'idéal communautaire, raison pour laquelle, à la suite de l'économie domestique aristotélicienne (Aristote [est. -323] 1995), l'Église la condamne au même titre que l'usure[13], toutes deux considérées comme des passions répréhensibles. Pourtant, comme nous le montrerons dans ce chapitre, c'est par le biais du concept d'intérêt personnel

---

[13] Pratique visant à solliciter en retour un montant d'argent plus élevé que celui qui a été prêté (Ibanès 1967, p. 16). Dans l'Antiquité, le terme *usura* n'avait aucun sens péjoratif d'après René Tavenaeux (1977, p. 13 note de bas de page 1). Il désignait la somme payable périodiquement pour l'usage d'une somme d'argent. Les scolastiques eux aussi n'établissaient pas de distinction foncière entre l'usure et l'intérêt. Sur ce point, voir Dumas (1953), qui contient l'ensemble des termes du droit canonique, ainsi qu'un sommaire de l'histoire des institutions et de l'état actuel de la discipline.

que l'économie, en tant que discipline, va se construire et s'émanciper du discours religieux.

On peut faire remonter aux théoriciens du contrat social les premières tentatives de réhabilitation de la notion d'intérêt personnel au sein de la morale religieuse. Pour les contractualistes du XVIIe siècle, il ne s'agit pas nécessairement de condamner d'éventuelles passions jugées mauvaises, mais plutôt de combiner astucieusement ces passions afin qu'elles se neutralisent et procurent *in fine* à la société, le plus grand bénéfice possible (Hirschman, 2005, p. 23-24 et p. 33). En d'autres termes, la tâche de la société civile et du gouvernement consiste à canaliser les passions. C'est en ce sens qu'il faut comprendre les velléités d'imposer des limites dans l'acquisition de la propriété privée ou, au contraire, de veiller à sa protection une fois acquise grâce à l'introduction de la monnaie (Locke [1690] 1997, p. 205-206).

Ce discours des contractualistes sur la propriété privée, en lien avec la monnaie, introduit un premier amendement favorable à l'intérêt personnel, et constitue une transition entre le déontologisme religieux des Pères de l'Église du Moyen Âge et la rupture décisive qui est opérée au XVIIIe siècle par les Lumières écossaises, via la doctrine conséquentialiste qui mesure la moralité d'une action ou d'une décision, non pas en fonction de sa conformité aux préceptes religieux ou aux lois civiles, mais à partir de ses conséquences sur la société (Deslandes, 2010, p. 106). Pour autant, la vision qu'ont les contractualistes de l'intérêt personnel reste encore profondément ancrée dans le discours des scolastiques. Cette conformité relative aux préceptes religieux antérieurs se retrouve dans leur compréhension de l'obligation morale, devoir qui relève de la conscience individuelle et dont la mise en application ne peut être forcée.

L'émancipation totale de l'intérêt personnel vis-à-vis du cadre religieux va passer par l'autonomie de l'individu par rapport à la morale religieuse. En effet, les Lumières écossaises considèrent la moralité comme intrinsèque à l'individu, et non comme des engagements réciproques entre les individus et Dieu ou l'État – contrat social ou alliance avec Dieu – qui lui confèreraient un sens moral. L'individu possède un sens moral naturel qui lui permet de distinguer le bien du mal. Il appartient à un ordre naturel dans lequel ses intérêts se coordonnent avec ceux de son espèce. Néanmoins, ces intérêts n'en demeurent pas moins des affections naturelles.

Avec Mandeville [1714] 1998, pour qui « les vices privés font le bien public », cet ordre naturel des affections prend un nouveau tournant et préfigure l'idée de marché, consacrée par Adam Smith [1776] 1991, comme fondement et régulateur de l'économie et du social hors du cadre religieux : les marchés, via l'intérêt personnel, seraient capables de coordonner entre elles les passions individuelles et de réguler ainsi la sphère sociale. En d'autres termes, les mécanismes du marché via la métaphore de la « main invisible », au sein de laquelle se combinent le déontologisme religieux et le conséquentialisme des Lumières écossaises, vont permettre d'extraire la notion d'intérêt hors du cadre religieux et de forcer sa réhabilitation.

L'objectif de ce chapitre est d'analyser le passage du concept d'intérêt personnel du champ religieux à la sphère économique. Dans une première section, nous montrerons que si l'intérêt personnel au Moyen Âge est largement stigmatisé au sein du discours religieux, les contractualistes marquent une première étape dans la réhabilitation de la notion d'intérêt. Dans une seconde section, nous nous intéresserons au passage de la notion philosophique de l'intérêt privé à son interprétation économique chez les Lumières écossaises.

1. L'intérêt personnel, un concept ancré dans la morale

Au Moyen Âge, les réflexions économiques sont entièrement ancrées dans la morale. Les activités économiques, dans une attitude déontologique qu'on rattache habituellement à Emmanuel Kant (1724-1804), sont jugées intrinsèquement bonnes ou mauvaises, selon qu'elles obéissent ou non aux principes religieux, indépendamment de leurs conséquences. Celles qui, liées à la notion d'intérêt, ne s'inscrivent pas dans une « sociologie économique » (Schumpeter [1954] 1983, p. 143-144) fondée sur les préceptes religieux sont alors condamnées par l'Église. Le discours des théoriciens du contrat social du XVIIe siècle contient les premières tentatives de « désencastrement » de la notion d'intérêt de la morale religieuse.

Pour autant, ces théoriciens ne parviennent pas à autonomiser complètement l'intérêt personnel de la morale. D'une part, l'intérêt y est « à la fois la passion de l'amour de soi ennoblie et maîtrisée par la raison, et la raison orientée et animée par l'amour de soi » (Hirschman, 2005, p. 44). D'autre part, l'obligation morale reste, chez ces auteurs, ancrée dans les lois civiles et les préceptes religieux, et les actions privées des individus demeurent motivées par la crainte d'une punition ou l'espoir d'une récompense.

Néanmoins, les théories du contrat social préfigurent les conceptions individualiste et utilitariste défendues par les Lumières écossaises au XVIIIe siècle, qui parviendront, quant à elles, à déconnecter l'intérêt personnel de la morale pour en faire un objet économique autonome, relié à la sphère sociale.

1.1. La condamnation par l'Église médiévale des passions et de la recherche du gain : une vision morale de l'intérêt personnel

Les réflexions économiques engagées par les scolastiques au Moyen Âge ne confèrent pas à l'économie un statut de discipline autonome (Schumpeter [1954] 1983, tome 1, p. 85-132). Les références à l'économique y apparaissent de manière diffuse et restent fondamentalement ancrées dans la morale chrétienne et ses préceptes, à savoir les commandements et les interdits, les vices et les vertus, qui distinguent le convenable du méritoire ou du condamnable. L'analyse des phénomènes économiques au Moyen Âge trouve ses origines dans la conception aristotélicienne de l'économie domestique (Aristote [est. -323] 1995) et se base sur la morale chrétienne pour condamner les passions, souvent considérées avec défiance, notamment celles liées à la recherche du gain tiré des activités économiques.

Dans la conception médiévale, les passions répréhensibles sont généralement associées aux sept péchés capitaux – l'orgueil, l'envie, la colère, la paresse, l'avarice, la gourmandise et la luxure (Ratzinger, 2012) – dont la liste a été esquissée par les Pères de l'Église[14] dès les premiers siècles du christianisme et définitivement fixée par le Pape Grégoire le Grand au VIe siècle, à la suite de Saint Jean Cassien (355-435).

---

[14] Le titre de « Pères de l'Église » a été attribué à certains auteurs chrétiens qui ont vécu durant les premiers siècles du christianisme, en état de sainteté, ayant professé la doctrine chrétienne dans leurs écrits et reçu l'approbation de l'Église.

À l'origine des comportements viciés, « la philautie » ou « amour égoïste » trouve sa manifestation dans l'avarice, dont découleraient les six autres péchés. Celle-ci constitue le lien entre les péchés de l'intériorité (envie, colère, paresse, orgueil) et ceux de l'extériorité (gourmandise et luxure)[15]. Vecteur de la conversion des « péchés-pensées » en « péchés-actes », l'avarice serait la source de tous les autres maux. C'est la raison pour laquelle sa gravité n'a eu de cesse d'être soulignée et condamnée dans les textes bibliques. Ainsi, peut-on lire dans la Bible « gardez-vous avec soin de toute avarice ; car la vie d'un homme ne dépend pas de ses biens, fût-il dans l'abondance »[16].

Les Pères de l'Église font la distinction entre l'avarice particulière, amour de l'argent, et l'avarice générale, amour de posséder plus qu'il n'est nécessaire (Casagrande et Vecchio, 2003, p. 160). L'avarice ne se limite donc pas à la seule possession excessive d'argent mais englobe également le désir démesuré de posséder les biens matériels. Tout au long du Moyen Âge, au-delà d'une simple référence à l'amour de l'argent, l'avarice est assimilée à toute activité qui conduit à la recherche d'une possession démesurée des biens de ce monde.

> *La définition de l'avarice comme amour de l'argent ne doit pas faire penser à un vice lié aux phases particulières de l'histoire économique médiévale, marquées par une circulation monétaire accrue, mais à un vice qui appartient au champ de l'économique en tant que tel et qui donc entre en jeu chaque fois que les hommes exagèrent dans le désir de posséder ce qui est utile.*
>
> [Casagrande et Vecchio, 2003, p. 161]

---

[15] Voir sur ce point Casagrande et Vecchio (2003).

[16] Traduction œcuménique de la Bible, *Évangile selon saint Luc*, Paris, Cerf, 2010, chapitre 12, 15.

Vue comme un vice lié aux activités mercantiles, l'avarice constitue un point central à partir duquel l'Église, dès ses débuts, réfléchit aux interactions économiques, notamment à la place à accorder à la richesse, aux moyens de l'acquérir, et à sa finalité.

L'idée générale que se fait l'Église du Moyen Âge sur la richesse peut se résumer comme suit : la richesse doit avoir une visée collective, « l'homme ne doit pas posséder [les] biens comme s'ils lui étaient propres, mais comme étant à tous, en ce sens qu'il doit les partager volontiers avec les nécessités » (Saint Thomas d'Aquin [1274] 1999, p. 438). Avec ce principe de la destination universelle des biens, les hommes, loin d'être les véritables propriétaires de ce qu'ils acquièrent ou de ce que la nature leur offre, sont les gestionnaires des biens de Dieu. L'acquisition de richesses ne devrait pas s'opposer à cet idéal communautaire. Aussi, à la suite des philosophes antiques, l'Église réprouve et condamne l'usure dès les premiers siècles après J.-C., qu'elle considère comme une oppression de l'homme par l'homme, et donc contraire à cet idéal communautaire. Ainsi, toute activité économique conduisant au maintien de prix élevés ou à un bénéfice excessif est perçue comme nuisible à la collectivité. La condamnation de ces passions, considérées mauvaises et liées aux activités économiques – notamment le prêt à intérêt, la recherche du gain, ou le profit commercial – se concrétise par l'interdiction de l'usure (Saint Thomas d'Aquin [1274] 1999).

L'usure n'est pas une pratique née au Moyen Âge. Elle existait déjà dans l'Antiquité gréco-romaine, bien que la législation romaine en eût limité le niveau des taux d'intérêt. Au début de l'ère chrétienne, le minimum légal était fixé à 1 % par mois, et à 12 % par an. Cependant, dans le monde antique, le prêt à intérêt conduisait à des abus. La plupart des débiteurs, subissant la loi des prêteurs, acceptaient de payer des taux beaucoup plus élevés, les condamnant à une grande misère, sans perspective d'en sortir. À cet égard, saint Jérôme dénonce les excès de Rome en matière de fixation des taux d'intérêt : « on prêtait couramment à 50 % [par an], ceux qui se piquaient d'équité s'en tenaient à 25 % » (cité dans Dumas, 1953, col. 1476). Taveneaux (1977, p. 14-15) fait également état de ces taux excessifs qui constituent la preuve de la cupidité et de l'avarice humaines. L'usure, comme matérialisation de l'avarice, fait ainsi l'objet de condamnations d'abord par les Pères de l'Église[17], puis par les théologiens du haut Moyen Âge.

Comme pasteurs, les Pères de l'Église ont le souci de se conformer aux Écritures Saintes, à la Tradition des Apôtres et à la volonté de Dieu qui, au travers des écrits bibliques, condamnent la recherche de l'intérêt privé et le prêt à intérêt, parmi d'autres passions. Les pasteurs, en tant que garants du dépôt de la foi, n'ont d'autre choix que de se placer dans la continuité de la tradition apostolique. D'où la condamnation virulente de toute passion liée au profit, à l'intérêt, l'usure notamment, dès le premier concile œcuménique de Nicée I en 325 :

---

[17] L'institution reconnait aux Pères de l'Église d'avoir joué un rôle fondateur à l'égard de la doctrine chrétienne. Ce sont eux en particulier qui ont cherché à discerner ce qui est essentiel à la foi, ce qui ne l'est pas, ce qui lui est contraire, aboutissant aux sept premiers « Conciles œcuméniques ». On désigne par *concile*, l'assemblée des représentants légitimes de l'Église (Papes, évêques, laïcs, invités, etc.), réunis au niveau régional (concile local) ou universel (concile œcuménique) pour délibérer et statuer, dans un souci d'unité, en matière de foi, de pratique chrétienne et d'organisation ecclésiastique. Les sept premiers conciles œcuméniques qui ont fondé la doctrine chrétienne se sont tenus à Nicée (325, 787), Constantinople (381, 553, 680-681), Éphèse (431) et Chalcédoine (451).

Comme beaucoup de membres du clergé, se livrant à l'avarice et à la honteuse recherche du gain, ont oublié la parole divine qui dit : il n'a pas donné son argent à intérêt, et, en prêtant de l'argent, exigent des centièmes (l'expression désigne vraisemblablement un taux de 1 % par mois), le saint et grand concile a décidé que, si l'on découvrait que quelqu'un, après cette ordonnance, pratique la prise d'intérêts, ou recherche la chose d'une autre manière, ou réclame une fois et demie le prêt, ou imagine un autre type de gain scandaleux, il doit être chassé du clergé et son nom rayé du rôle.

[Alberigo, 1994a, p. 53]

Nous reconnaissons ici la condamnation de l'usure faite par les Pères de l'Église en leur qualité de pasteurs par la référence aux Écritures Saintes, d'une part, et par le recours aux peines spirituelles (e.g. excommunication ou privation de sépulture) et temporelles pour réprimer les passions liées à l'appât du gain, d'autre part. Le premier concile de Nicée (Nicée I), en condamnant la pratique de l'usure, s'oppose également à toute sorte de recherche vénale qu'il qualifie de scandaleuse.

Les encycliques des Papes, les magistères universels et locaux, les conciles locaux (diocésains) et œcuméniques (universels) généraliseront cette interdiction de l'usure et n'auront de cesse, après Nicée I, de considérer l'activité économique sous le prisme de la morale chrétienne. Lors du IIIe concile de Latran (1179), par exemple, les usuriers sont exclus de l'eucharistie (i.e. la communion) et ne reçoivent aucune sépulture chrétienne (Alberigo, 1994a p. 481). Avec le concile de Latran IV (1215), les condamnations ne s'appliquent pas seulement aux chrétiens et ne se limitent pas à l'usure, mais elles portent également sur le commerce des juifs, soupçonnés d'extorquer aux chrétiens des frais usuraires (*Ibid.*, p. 565). Le concile de Lyon II (1274) interdit la location de terres ou de maisons aux usuriers, sous peine, pour les membres du clergé (les ecclésiastiques, les patriarches, et les archevêques) d'encourir une suspension, et pour les autres de subir la censure ecclésiastique (excommunication ou interdit), c'est-à-dire d'être exclus de certains biens spirituels ou annexes (*Ibid.*, p. 685). Le concile de Vienne (1311) déclare même hérétique toute personne ne considérant pas l'usure comme un péché. Les officiels, podestats[18], capitaines, recteurs, juges ou consuls (membres du conseil des villes) qui légifèrent en faveur du prêt à intérêt encourent la sentence d'excommunication (*Ibid.*, p. 795).

Ces condamnations s'effectuent dans un contexte où la chrétienté médiévale connaît, entre les XIe et XIIIe siècles, une véritable révolution commerciale, dont les animateurs sont les marchands et les banquiers (Le Goff, 2001). Depuis l'origine, dans l'Antiquité notamment, les activités commerciales ne correspondent à aucune activité socialement connue (cultiver, combattre, prier, gouverner, etc.). Les activités de « négoce » et les « affaires » ne sont pas séparées mais englobées dans des institutions au statut social reconnu. Pourtant, dans l'Europe du Moyen Âge, la renaissance du commerce, grâce à l'émergence d'une paix relative, facilitée par les échanges commerciaux et la naissance de nouvelles modalités des paiements – telles l'assurance et la lettre de change, qui se sont répandues entre les XIVe et XVe siècles (Le Goff, 2001) –, va se traduire par l'autonomisation des activités commerciales (Rosanvallon, 1999, p. 63-65).

C'est dans ce contexte de développement des foires médiévales, de la naissance des villes nouvelles, ou du

---

[18] Premier magistrat de certaines villes d'Italie et du Midi de la France qui détenait, au Moyen Âge, les pouvoirs exécutifs et judiciaires.

rayonnement économique de grandes agglomérations telles Florence, Bruges, Gênes ou Amiens (Le Goff, 2001), que la pratique de l'usure s'est généralisée, obligeant certaines communes à entériner « d'une certaine manière la dépravation du prêt à intérêt » (Alberigo, 1994a, p. 795). Cette généralisation de l'usure est constatée par l'Église dès le troisième concile de Latran (1179) :

Presque en tout lieu le crime de l'usure s'est tellement développé que beaucoup, abandonnant les autres affaires, exercent l'usure comme si cela était licite et ne se préoccupent aucunement de ce que l'un et l'autre Testament les condamnent.

[Alberigo, 1994a, p. 481]

Cependant, les Pères de l'Église ne disposent pas de sources suffisantes en dehors des Écritures Saintes pour fonder à nouveau l'interdiction du prêt à intérêt. Ce sont les scolastiques qui, ayant reçu le mandat de définir les questions relatives à la foi, vont fonder théologiquement l'interdiction de l'usure, en s'appuyant notamment sur le droit romain et la découverte de la pensée antique[19]. « Autour de l'an 1100 à peu près, tout restait à faire pour que l'Occident passât d'un état d'ignorance presque totale d'Aristote philosophe et homme de science, à l'exploitation complète des virtualités de son système » (Lemay, 1963, p. 663-664). Cette découverte des philosophes grecques par les Latins est rendue possible, après la reconquête chrétienne de Tolède en 1085, par l'immense mouvement de traduction lancé par l'archevêque Raymond de Tolède de 1124 à 1151, et l'activité scientifique de traduction patronnée par Alphonse le Sage ou par Frédéric II au

---

[19] Si la réception des écrits d'Aristote a été possible chez les intellectuels arabes entre les IXe et XIIIe siècles, chez les scolastiques, elle n'intervient qu'aux XIIe et XIIIe siècles.

XIIIe siècle : on traduit de l'arabe en latin, les auteurs grecs, et « l'éveil de [la] curiosité à l'égard des valeurs culturelles éblouissantes du monde arabe » (Lemay, 1963, p. 664) finit de diffuser la pensée d'Aristote à tout le monde latin.

La découverte de la philosophie grecque, par l'intermédiaire de l'Espagne musulmane, a permis aux grandes écoles théologiques de Paris, de Bologne ou de Chartres, d'avoir accès aux pensées platonicienne et aristotélicienne, qui accordent une large place à la raison et au progrès (Lecaillon, 2008, p. 31). Ainsi, tout en se revendiquant de l'autorité morale des Pères de l'Église et de la pensée aristotélicienne, Saint Thomas d'Aquin (1225-1274) réexamine l'interdiction du recours au prêt à intérêt à partir de la distinction romaine entre biens fongibles et non fongibles (durables). L'argent est ainsi considéré comme un bien fongible, dont on ne peut séparer l'usage de la propriété, qu'il serait incongru de vendre séparément à deux personnes différentes. Parce que l'argent disparaît quand on l'utilise, payer l'intérêt est contre nature. Dans la continuité de la notion aristotélicienne de mauvaise chrématistique, Saint Thomas d'Aquin professe que l'argent n'est pas destiné à produire un intérêt. S'il est légitime de percevoir l'intérêt sur les biens non fongibles (comme le logement ou la terre), il est illégitime de percevoir le fruit des biens fongibles (comme l'argent, le vin ou le blé) qui disparaissent une fois consommés (Saint Thomas d'Aquin [1274] 1999, p. 491).

L'interdiction de l'usure par Saint Thomas d'Aquin introduit cependant la possibilité de percevoir l'intérêt pour des biens que l'on qualifierait aujourd'hui de « durables », ceux dont le droit d'usage (*usus*) peut être clairement distingué du droit d'en disposer (*abusus*). En d'autres termes, il est envisageable, selon lui, de réclamer un intérêt sur un emprunt contracté pour financer une activité productive. Il exclut cette possibilité pour le crédit à la consommation, où l'usage de l'argent se confond avec la consommation des biens eux-mêmes. Mais le financement d'une activité productive est assimilé par Saint Thomas d'Aquin à un contrat d'association. Le prêteur supportant également une part du risque, il serait en droit de demander une part des bénéfices :

> *Celui qui prête de l'argent en transfère la possession à l'emprunteur. Celui-ci conserve donc cet argent à ses risques et périls, et il est tenu de le restituer intégralement. Le prêteur n'a donc pas le droit d'exiger plus qu'il n'a donné. Mais celui qui confie une somme d'argent à un marchand ou à un artisan par mode d'association, ne leur cède pas la propriété de son argent qui demeure bien à lui, de sorte qu'il participe à ses risques et périls au commerce du marchand et au travail de l'artisan ; voilà pourquoi il sera en droit de réclamer, comme une chose lui appartenant, une part de bénéfice.*
>
> [Saint Thomas d'Aquin [1274] 1999, p. 493-494]

Ainsi parvient-il à s'abstraire de l'interdiction du prêt à intérêt prônée par les Pères de l'Église, par le biais d'un discours reposant sur le droit de propriété, le travail accompli et les risques encourus. Saint Thomas d'Aquin accepte la dérogation à la pratique de l'usure lorsque « le prêt entraîne pour le créancier un dommage réel (*damnum emergens*), si le créancier participe également aux pertes (*lucrum cessans*)[20], ou si une opération entraîne un risque

---

[20] *Le « dammum et mutuo emergens »* : est un préjudice causé au prêteur par le prêt lui-même. Par exemple, un commerçant privé de son argent qu'il a prêté peut à un moment être contraint de

de change » (Perquel, 2005, p. 471). Les trois notions – propriété, risque et travail – ouvrent également la possibilité aux commerçants et aux marchands de rechercher eux-mêmes ce bénéfice, « non comme une fin mais comme salaire » de leur effort (Saint Thomas d'Aquin [1274] 1999), soit une part des gains venant récompenser le travail qu'ils accomplissent. Toutefois, la finalité des activités économiques reste à ses yeux le bien de la collectivité.

La possibilité donnée par Saint Thomas d'Aquin à la recherche du gain oblige certains hommes d'Église à autoriser le prêt à intérêt, à l'instar de l'évêque Adhémar Fabri, qui, en 1387, autorise l'usure à Genève, en l'assortissant d'un taux de 5 % : « nous ne pourrons inquiéter, accuser, arguer ou autrement molester, ni saisir ou séquestrer des biens sous prétexte d'usure, même si on dit qu'elle est faite par quelques citoyens ou habitants de Genève, clercs ou laïcs, de l'un ou l'autre sexe ; il en est de même à Lyon », écrit-il (cité dans Perquel, 2005, p. 471).

Mais, l'Église continue à s'y opposer, alors qu'elle est pourtant accusée par certains théologiens et docteurs en droit civil et canonique de pratiquer l'usure par le biais des Monts-de-piété[21]. La pratique de ces établissements semble

---

vendre ses marchandises à une période où les prix sont bas pour faire face aux imprévus.

Le « lucrum et mutuo cessans » : désigne le bénéfice dont le créancier se prive en prêtant son argent.

Est défini aussi le « *periculum perdendae sortis* » qui désigne le risque que court le capital et qui peut être couvert par un intérêt représentant une prime d'assurance (René Taveneaux, 1977, p. 21).

[21] Les Monts-de-piété, créés par les autorités publiques et approuvés par le Saint-Siège apostolique, sont des lieux spécialisés dans la pratique du prêt d'argent aux plus pauvres, destinés à les protéger des taux d'intérêt pratiqués par les usuriers. Le concile de Latran V les décrit de la manière

être, en effet, en contradiction avec l'interdiction de recherche du gain, idéal économique prôné par l'Église. Cependant, pour cette dernière, les Monts-de-piété ne constituent pas une forme déguisée de l'usure. Ils revêtent, au contraire, un caractère pieux et miséricordieux. Si les pauvres, en sus du remboursement de leur prêt, ajoutent une somme modérée, sans lucre, ce n'est que pour indemniser les administrations qui sont à leur service. Pour se justifier des condamnations qui lui sont adressées et réaffirmer la pratique des Monts-de-piété, l'Église apporte de nouvelles précisions quant à la définition de l'usure lors du Ve concile de Latran, en 1513 :

> *En effet, il y a précisément usure lorsque, par suite de l'usage d'une chose qui ne produit pas de fruits, l'on s'efforce d'obtenir un surplus et un fruit sans effort (*labore *pour le texte latin), sans frais et sans risques*[22].

Cette définition officielle de l'Église est influencée par la théologie scolastique, héritière d'Aristote. L'usure est désormais définie en fonction du travail et du risque. Elle désigne un profit, un bénéfice reçu sans travail et sans effort. Elle ne s'applique pas seulement à l'argent mais est

---

suivante : « Dans de nombreuses villes d'Italie, pour subvenir au moyen de ce prêt à l'indigence des pauvres et empêcher qu'ils ne soient engloutis par l'abîme de l'usure, ceux-ci ont été établis, loués et encouragés par des hommes saints, prédicateurs de la parole divine, et même approuvés et confirmés par des souverains pontifes, nos prédécesseurs, à condition que lesdits monts ne contredisent pas le dogme chrétien... » (Concile de Latran, Session X du 15 mai 1515).

[22] *Latran V (1512-1517)* : La Session X du 4 mai 1515, « Reformation des Monts-de-piété », *in* Algerigo, 1994a, p. 1279.

élargie à toute forme de richesse, tout profit dont l'acquisition serait jugée illicite.

En condamnant toute passion liée à la recherche de gain, l'Église se trouve également en porte-à-faux avec les abus liés au commerce des indulgences[23]. Les indulgences ont, entre les XIIIe et XVe siècles, fortement œuvré au développement de la vie spirituelle de l'Église. Elles ont favorisé les actes de piété tels le pèlerinage, la participation à la messe, la récitation de prières, la vénération des reliques et des saints. Elles ont incité certains chrétiens à la pratique des sacrements, notamment la confession. La pratique des indulgences a eu des effets positifs non seulement sur la vie spirituelle mais également sur le développement de certaines villes (Lyon, Avignon, etc.), auxquelles elles fournissent : « une part de ressources qui leur sont nécessaires pour s'entourer de fortifications, pour développer leur commerce en construisant des ponts, des chaussées, des ports, pour créer ou soutenir des

---

[23] Les indulgences consistent en la rémission devant Dieu de la peine temporelle due pour les péchés dont la faute est déjà effacée, rémission que le fidèle bien disposé obtient à certaines conditions déterminées, par l'action de l'Église. À partir du Xe siècle, la peine n'est plus accomplie par le coupable lui-même, elle peut être rachetée par la solidarité de l'Église ou par d'autres fidèles. À partir du XIe siècle, les indulgences seront accordées de façon anonyme à tout pénitent sous certaines conditions : visite d'une église ou versement d'aumône. « Il faut se rappeler qu'Abélard a inauguré la controverse en s'attaquant non point à l'indulgence, en général, comme on l'affirme ordinairement, mais à l'indulgence accordée par les évêques moyennant aumône, parce qu'elle réduit à peu de chose le sacrifice exigé du bénéficiaire, sacrifice purement pécuniaire et qui peut être proportionné » (Le Bras 1925, p. 332). Les indulgences ont été parfois une occasion pour les hommes d'Église de gagner de l'argent.

établissements charitables, pour élever des cathédrales » (Le Bras, 1925, p. 534).

En dépit de ses bienfaits, la pratique du commerce des indulgences a cependant contribué à discréditer le discours de l'Église, en révélant les contradictions de ses positions sur la recherche du gain. Ainsi, a-t-on reproché aux indulgences, devenues la principale source de revenus pour l'Église, de s'être détournées de leur vocation première, en satisfaisant « la cupidité des prélats » (Le Bras, 1925, p. 532). Certains reconnaissaient que les bénéfices étaient rarement affectés à l'usage que proposait le concédant. Et d'ailleurs, ces bénéfices pouvaient se disperser entre de nombreuses mains avant qu'une infime partie n'arrive à Rome. L'argent se partageait entre les frais et les honoraires des commissaires, des auxiliaires et des prédicateurs. Les princes, les villes et les clergés, quant à eux, exigeaient une subvention (cf. Mgr Paulus cité par Le Bras, 1925, p. 536). Dans certains cas, la condamnation des passions comme la recherche du gain et la pratique des indulgences en vue du salut, ne conduisait qu'à satisfaire les passions du prince ou des responsables d'Église.

Ce détournement des bénéfices issus des indulgences que reconnait l'Église, en appelant à ce que soient « abolis tous les déplorables trafics d'argent en vue de les obtenir, qui ont été une large cause d'abus dans le peuple chrétien »[24], a préparé le mouvement de la Réforme, au XVIe siècle. C'est sur la base de cette pratique des indulgences, du goût de l'argent et de la recherche du gain que Luther s'est opposé à l'Église.

Au cœur de la Réforme se trouve l'idée selon laquelle le « salut » ou « la justification » de l'homme ne s'obtient pas par les œuvres mais par la foi : seule la foi sauve. Par cette

---

[24] *Le concile de Trente (1545-1563)*, session XXV du 3-4 décembre 1563, chapitre XXI, « Sur les indulgences », *in* Alberigo, 1994b, p. 1619.

conception théologique, la Réforme remet en question la médiation des institutions et des œuvres – indulgences et pratique des sacrements comme la pénitence – en vue du salut. En conséquence, la Réforme valorise l'individu, ou d'une certaine façon l'individualité : considérant que la vocation s'adresse à chaque personne individuellement, elle lui confère l'entière responsabilité de l'être devant Dieu. Cette conception vient, d'une certaine manière, s'opposer à l'idéal communautaire qui a servi de motif à la condamnation par les Pères de l'Église des passions comme la recherche du gain.

Les idées de Luther sur l'individu, acteur de son propre salut, sont au cœur des débats théologiques au sein des religions, notamment de l'Église protestante naissante des XVIe et XVIIe siècles. Elles lui valent la condamnation du concile de Trente (1545-1563), et l'attention de toutes les controverses, débats et tensions, auxquels sont exposés les intellectuels et philosophes de l'époque. Elles se révèlent d'une influence cruciale sur les conceptions théologiques de l'homme et du monde, ou la « vision pré-analytique » pour reprendre les termes de Schumpeter (Friedman, 2011, p. 4). Elles alimentent également les débats sur l'individu et l'intérêt personnel, qui seront au cœur des réflexions politiques des XVIe et XVIIe siècles.

1.2. « L'arithmétique des passions » chez les contractualistes du XVIIe siècle : une première réhabilitation de l'intérêt personnel

Les théoriciens du contrat social – Hobbes, Locke et Rousseau notamment – vont apporter au XVIIe siècle une réponse politique aux problèmes posés par les passions, en partant de l'individu et de sa nature. Ils considèrent qu'il ne s'agit pas de condamner les passions, ni de les réprimer comme le préconisait l'Église, mais plutôt de les combiner de manière à assurer le bon fonctionnement de la société, selon le « principe de la passion compensatrice » (Hirschman, 2005, p. 23) ou encore « l'arithmétique des passions » (Rosanvallon, 1999, p. 11-19).

Le « principe de la passion compensatrice » permet d'opposer les passions entre elles, et de n'en conserver que les aspects les plus positifs et les moins destructeurs pour la société. Agencées de manière suffisamment habile, elles seraient susceptibles de se neutraliser les unes les autres, de freiner les aspects les plus destructeurs de la nature humaine plus efficacement que ne le sauraient le faire la raison, la morale, ou encore la religion. Une société dans laquelle les individus seraient guidés avant tout par la passion de l'intérêt personnel présenterait néanmoins des garanties de stabilité plus solides. Les individus seraient incités à chercher dans la négociation et l'échange, un mode de résolution des conflits que la religion ne permet pas d'entrevoir. C'est sur cette dichotomie entre passions compensatrices et destructives que repose la solution politique que vont préconiser les théoriciens du contrat social en partant de l'état de nature.

Cette réflexion est initiée par Hobbes ([1651] 2004). L'état de nature serait un état de guerre de tous contre tous, car tous les êtres humains sont égaux de par leurs facultés, tant celles du corps que celles de l'âme. Cette égalité physique, intellectuelle et de droit engendre la peur du mal susceptible d'être causé par autrui. Il y aurait « trois principales causes de querelle, la compétition, la défense, la gloire : la première vise à la domination [*dominium*], la seconde à la sécurité, la troisième à la renommée ». Dans cet état de nature, chacun cherche sa conservation : « [s]'il n'existe aucune puissance coercitive, la condition des hommes est celle que j'ai appelée une guerre de chacun contre chacun », écrit Hobbes ([1651] 2004), p. 107).

Les passions compensatrices qui permettent de fonder la société et conduisent « les hommes à la paix sont la crainte, principalement la crainte de la mort violente, le désir des choses nécessaires au bien-être et l'espoir de les soutenir par le travail [industria] » (*Ibid.*, p. 109). En acceptant de transférer à autrui les droits absolus dont ils disposent à l'état de nature, les individus se muent en êtres calculateurs. Selon Hobbes, il est de l'intérêt de chacun, aspirant à sa propre conservation, de sceller le pacte social qui le dessaisit, lui – comme tous les autres – de possible recours à la violence, justifiant ainsi de manière rationnelle la fondation du social : « personne ne contestera que le droit civil doive être fondé sur "les intérêts et les passions des hommes", comme [Hobbes] l'exprime dans sa conclusion du *Léviathan* » (Rosanvallon, 1999, p. 19).

Chez Locke ([1690] 1997), la notion de propriété donne naissance à une « arithmétique des passions » différente de celle de Hobbes ([1651] 2004). Il confie à la société civile le soin de protéger toute propriété : « La fin principale et capitale en vue de laquelle les hommes s'associent dans les Républiques et se soumettent à des gouvernements, c'est la conservation de leur propriété » (Locke [1690] 1997, p. 205).

La première propriété de l'homme est sa propre personne. Or, sur celle-ci, nul autre que soi-même ne possède de droit. Parce qu'il en est le propriétaire, le fruit du labeur que chacun tire de son corps, de ses mains et de son intelligence, ne peut être que sa propriété. C'est en ce sens que le travail permet à chacun de s'approprier des objets communs à tous issus de la nature, non seulement par le biais de la chasse, de la pêche ou de la cueillette, mais aussi par l'effort de transformation de ces biens naturels au moyen des arts, de l'intelligence humaine ou encore « d'industrie et de raison » (Locke [1690] 1997, p. 156).

La notion de propriété que développe Lock ([1690] 1997), sous ses différents aspects, tant subjectifs (la vie, la liberté) que matériels (les biens, le travail), débouche très logiquement sur la recherche du gain au travers du concept d'intérêt personnel, et construit un pont avec les notions familières à l'économie contemporaine : la valeur d'un bien, le prix du marché.

Certains auteurs notamment Vaughan (1980, 2012) et Rothbard (1995) considèrent Locke comme un économiste libéral (pré-)classique (ou encore néo-scolastique), un partisan de l'accumulation des richesses, dont l'individualiste préfigurerait et justifierait le capitalisme industriel contemporain et le salariat (Théret, 2014, p. 530). Avec la notion de la propriété, Locke ouvre la voie à la recherche du gain et à la poursuite de l'intérêt privé. Le chapitre V de son *Deuxième traité du gouvernement civil,* intitulé « De la propriété », se donne pour objet d'expliquer l'appropriation individuelle des biens naturels.

Néanmoins, cette notion de propriété, croisée à celle plus moderne de l'intérêt privé, reste encore marquée par une conception issue des scolastiques et des Pères de l'Église, soucieux du bien-être social et de la subordination de l'intérêt privé à l'intérêt commun. La propriété reste soumise à la loi édictée par Dieu : « Dieu nous a donné toute chose en abondance et souhaite que nous puissions en retirer le maximum d'avantages sans gaspiller », dans un esprit de partage, car « laisser aux autres une quantité égale à ce qu'ils sont capables d'utiliser, cela équivaut à ne rien prendre du tout » (Locke [1690] 1997, p. 154-155).

Dans certains cas, l'individu peut cependant se passer de la loi naturelle pour s'approprier les biens en excès, sans tenir compte des autres. Pour Locke, l'excès réside moins dans l'étendue de la propriété que dans son inutilité. Face à ce qu'il ne peut humainement absorber, l'individu a deux possibilités, donner ou vendre. Dans ce contexte, la monnaie, moyen d'acquérir les fruits de la nature, devient « l'occasion de les conserver et de les accroître » (Locke [1690] 1997, p. 163).

La monnaie est l'artisan de cette propriété excessive, que Locke (1997[1690], p. 163-164) semble opposer à la loi naturelle et assimile à la mauvaise chrématistique dénoncée par Aristote et les scolastiques. Sans la monnaie, l'usage personnel des biens serait cantonné à l'économie domestique, à ce qu'il est possible de produire soi-même. Les individus se contenteraient de produire des biens pour les consommer ou pour « les échanger contre d'autres, également périssables et utiles auprès des tiers » (Locke, 1997[1690], p. 164). L'invention de la monnaie, en ce qu'elle favorise l'accumulation des richesses, serait l'élément perturbateur de l'harmonie établie par Dieu et la source des conflits entre les individus. Elle soulève les deux problèmes qui sont au cœur de ses deux traités : celui de la limite à l'acquisition de la propriété et celui de sa protection une fois acquise, tâche que Locke confie à la société civile et au gouvernement.

Rousseau emprunte une voie différente de celle de Locke. Alors que pour Locke, la monnaie est l'élément perturbateur de l'état de nature, Rousseau considère, quant à lui, la propriété à la fois comme l'élément fondateur du social et comme une source de conflits :

> *Le premier qui, ayant enclos un terrain, s'avisa de dire : Ceci est à moi, et trouva des gens assez simples pour le croire, fut le vrai fondateur de la société civile. Que de crimes, que de guerres, de meurtres, que de misères et d'horreurs n'eussent point épargné au genre humain celui qui, arrachant les pieux ou comblant le fossé, eût crié à ses semblables : Gardez-vous d'écouter cet*

imposteur ; vous êtes perdus, si vous oubliez que les fruits sont à tous, et que la terre n'est à personne.

[Rousseau [1750] 1971, p. 205]

Avec le grand mouvement des enclosures[25], à partir du XVIe siècle en Angleterre et du XVIIIe siècle en France, qui a consisté à mettre fin au système de l'*open field,* en partageant les terres communes et en les clôturant, la propriété s'éloigne de l'idée scolastique selon laquelle l'individu n'est qu'un intendant de la nature qui n'appartient qu'à Dieu. La propriété définit désormais un espace, une étendue, ainsi que l'ensemble des biens qu'elle contient. Dans cette nouvelle acception, le genre humain n'est plus défini comme chez Locke dans l'immédiateté, où son existence est liée à la conservation, c'est-à-dire aux produits que la terre lui fournit pour sa subsistance. Il n'est plus seulement celui qui conçoit des instruments – feu, arcs, ou hameçons – pour affronter les difficultés naturelles – le climat, les saisons, les famines – mais celui qui a une certaine perception des relations à l'autre. Les rapports entre les individus s'expriment dans une vision duale des positions relatives face aux besoins : celles du petit et du grand, du faible et du fort. Cette peur du déclassement produit chez les individus un réflexe de prudence et de

[25] Le mouvement des enclosures commence dès le XIIe siècle, mais prend de l'ampleur à partir du XVIe siècle en Angleterre, et au XVIIIe siècle en France. Il fait référence au passage d'un système agricole de coopération et de communauté d'administration des terres (généralement champs de superficie importante, sans limitation physique) au système de propriété privée des terres (chaque champ étant séparé du champ voisin par une barrière). Les enclosures marquent ainsi la fin des droits d'usage en particulier des communaux, dont bon de nombre de paysans en dépendaient.

précaution nécessaire, qui les pousse à clôturer ce qui était autrefois un terrain commun.

Ainsi, selon Rousseau [1750] 1971, l'inégalité se développe-t-elle à partir du moment où les plus puissants s'approprient et clôturent, au détriment des plus faibles, des terres communales qui étaient autrefois la propriété collective des paysans. Cette inégalité est exacerbée lorsque les puissants deviennent suffisamment riches pour acheter celles qui étaient jusqu'alors à leurs pairs, tandis que les plus pauvres sont obligés de se vendre eux-mêmes. La propriété introduit ainsi une hiérarchisation entre ceux qui possèdent et peuvent employer, et ceux qui n'ont rien.

Cette inégalité, causée par la propriété privée, doublée d'un rapport de domination entre riches et pauvres, serait à l'origine des phénomènes de criminalité ou de bellicosité d'une part, et des passions sociales (vanité, avarice, envie, gourmandise, etc.) d'autre part. Ce discours de Rousseau qui peint le tableau sombre de l'homme civil, qui travaille par cupidité et qui cherche à dominer les autres, reste ancré dans la morale. Le développement des arts et de l'agriculture pervertit l'homme en engendrant des passions qui, par le passé, étaient condamnées par l'Église. L'homme avait des besoins limités dans l'état de nature, il succombe désormais à l'envie et la cupidité au sein de la cité.

Observons ensuite ce qui résulte de la constitution de l'homme dans ses rapports avec ses semblables ; et, tout au contraire de ce que nous avons supposé, nous trouverons que le progrès de la société étouffe l'humanité dans les cœurs, en éveillant l'intérêt personnel, et que les notions de la Loi naturelle, qu'il faudrait plutôt appeler la loi de raison, ne commencent à se développer que quand le développement antérieur des passions rend impuissants tous ses préceptes : Par où l'on voit que ce prétendu traité social dicté par la nature est une véritable chimère.

[Rousseau [1762] 2012, p. 35]

Rousseau se situe dans la continuité des Pères de l'Église lorsqu'il considère que la propriété privée illimitée n'est pas justifiable, car elle conduit à spolier l'autre. Elle est une usurpation qui favorise les uns et plonge les autres dans la misère. Le profit de quelques ambitieux assujettit le genre humain au travail, à la servitude et à la misère (Rousseau [1750] 1971, p. 220).

Ainsi, justifie-t-il l'émergence de la société comme un dessein des individus destiné à les protéger et défendre leurs biens. Chacun s'unit à l'autre, le tout ainsi formé devenant un peuple uni parlant d'une seule et même voix, à la fois souverain et sujet. En se donnant une société, les individus substituent la « justice à l'instinct », « la voix du devoir à l'impulsion physique » et « le droit à l'appétit », la consultation de la « raison » à leurs « penchants » premiers, « la liberté civile » à « la liberté naturelle » (Rousseau [1762] 2012, p. 49-50).

Tant le discours de Locke ([1690] 1997) sur la monnaie que la réflexion de Rousseau sur la propriété, apparaissent comme une transition entre la pensée des Pères de l'Église et la rupture décisive opérée par les Lumières écossaises du XVIIIe siècle. Cette transition passe par la réhabilitation de la notion d'intérêt personnel, déjà entamée – avec beaucoup de prudence – par Saint Thomas d'Aquin. Mais ce discours n'en reste pas moins empreint d'un moralisme important. Ainsi, chez Rousseau, la société civile aurait-elle éveillé « l'intérêt personnel » de par la substitution qu'elle opère de l'« amour-propre » à l'« amour de soi » (Rousseau [1762] 2012, p. 35).

Avec l'introduction de la monnaie par Locke, il devient possible aux individus d'accumuler de la richesse pour des motifs de précaution et d'assurance. Pour Locke, la multiplication des échanges, induite par l'introduction de la monnaie, conduit les hommes à accepter « que la possession de la terre comporte des disproportions et des inégalités » (Locke [1690] 1997, p. 164). Aussi, cette appropriation inégale, ou encore au-delà du nécessaire, rendue possible par l'utilisation de la monnaie, permet de mettre en culture les terres restées en friche, et non seulement d'augmenter la productivité du travail, mais également d'accroitre les ressources communes de l'humanité. Ce que produit une acre de terre enclose, écrit Locke ([1690] 1997, p. 158), est dix fois plus que ce que pourrait produire une acre de terre commune et restée en friche, aussi riche soit-elle. D'une certaine manière, « l'invention de la monnaie introduit certes la possibilité d'un enrichissement sans limites, mais elle ne précipite pas pour autant les hommes dans la mauvaise chrématistique » (Dang, 1995, p. 211). Pour Rousseau, au contraire, les inégalités induites par l'appropriation de la nature – qui pourtant n'appartient qu'à Dieu – à la faveur du développement de l'économie marchande et du mouvement des enclosures, ne conduisent pas à un ordre socialement bénéfique pour les pauvres. Cette appropriation nuit à autrui plutôt qu'elle ne le sert. Les deux caractéristiques du social que sont la monnaie et la propriété font ressortir, chez les êtres soustraits à l'état de nature, les passions de l'envie et de l'avarice, condamnées par l'Église.

Les théoriciens du contrat social introduisent ainsi les premières réflexions sur l'intérêt personnel. Mais sa signification reste toute différente de la conception contemporaine qu'en font les économistes. Leur pensée s'applique au champ du politique et les concepts économiques qu'ils introduisent – propriété, monnaie et accumulation de la richesse – sont fortement imprégnés des pensées aristotélicienne et scolastique. Leur analyse de l'intérêt personnel reste encore fortement ancrée dans le discours religieux.

1.3. L'obligation morale chez les contractualistes du XVIIe siècle : une notion encore très ancrée dans le religieux

La notion d'intérêt personnel chez les auteurs contractualistes du XVIIe siècle ne peut être comprise qu'en lien avec celle d'obligation morale, encore très ancrée dans le discours religieux, et qu'ils fondent sur l'existence d'une instance extérieure à l'homme, telle que la loi civile ou les décrets divins. L'assentiment aux principes moraux résulterait de conventions sociales ou religieuses, plutôt que de la liberté et de la conscience humaine. L'idée que les contractualistes se font de l'obligation morale procède d'une conception, largement partagée à l'époque, que l'homme viendrait au monde dépourvu de tout sens moral. Fruit de l'expérience des individus, celui-ci serait, au contraire, acquis avec le temps. Cette question renvoie aux controverses philosophiques entre la conception moniste de l'homme, qui le considère comme un seul être doué de vie consciente, et la conception dualiste, qui le présente comme l'agrégation d'un « esprit » et d'une « matière », controverses qui ont alimenté le débat sur le caractère inné de la morale.

Les études éthologiques nées de l'observation des agriculteurs ou des chasseurs font état d'un comportement animal relevant de l'inné plutôt que de l'acquis (von Mücke, 2015, p. 45). Cette croyance est transposée chez l'homme dans la métaphysique de Descartes (1647) : elle se situe dans la tradition rationaliste, dont les racines sont à chercher dans la vision dualiste platonicienne, et se développe au XVIIe siècle avec les écrits de Hebert de Cherbury (1639), ou encore de Henry More (1653), pour qui les idées sont héritées de la naissance.

Or, pour les contractualistes, notamment Locke [1689] 2001, toute évocation du caractère inné des idées est inacceptable. Cela reviendrait à défaire l'édifice empirique selon lequel toute connaissance est acquise par les sens et par des processus individuels d'apprentissage (von Mücke, 2015, p. 46). Voilà pourquoi, il faut « mettre en doute les principes innés [pour construire] les fondements (les seuls vrais) […] sur lesquels établir les notions que l'on peut avoir de sa propre connaissance » (Locke [1689] 2001, p. 145). Pour Locke, si l'assentiment aux principes ou aux maximes était un processus inné chez l'homme, nous aurions des pratiques universelles à l'humanité tout entière et aisément identifiables.

> *C'est de là que naturellement vient la grande diversité des opinions à propos des règles morales ; elles varient parmi les hommes en fonction des différentes sortes de bonheur qu'ils envisagent ou cherchent à atteindre. Une telle diversité ne pourrait exister si les principes pratiques étaient innés, directement imprimés par la main de Dieu sur l'esprit. Je reconnais que l'existence de Dieu est, de multiples manières, manifeste ; je reconnais que l'obéissance qui lui est due s'accorde à la lumière de la raison ; et que, de ce fait, une grande partie de l'humanité témoigne de la Loi Naturelle. Mais on doit néanmoins reconnaitre, à mon sens, que beaucoup de règles morales peuvent recevoir de l'humanité un assentiment très général, sans que soit connu ou admis le véritable fondement de la moralité, qui ne peut être que la volonté et la loi de Dieu seul…*
>
> [Locke [1689] 2001, p. 96]

De la citation ci-dessus, nous pouvons retenir que l'universalité des règles morales ne peut venir que de Dieu : en d'autres termes, « l'inné est synonyme de divin » (Vienne, 1991, p. 39). Toutefois, s'il y a des principes moraux innés, l'assentiment à ces principes ne l'est pas. L'assentiment n'est ni inné, ni universel, mais il émane de l'expérience individuelle, de la coutume, des lois ou des préceptes religieux. L'obligation morale, quant à elle, se fonde sur des règles qui sont extérieures à l'individu. Par exemple, le christianisme tire ses règles morales de préceptes religieux et l'athéisme de la société ou de l'État. Dieu et l'État sont considérés dans cette logique comme les législateurs des règles morales.

> *Si l'on demande à un chrétien qui envisage le bonheur et le malheur pour une autre vie pourquoi il faut garder sa parole, il donnera comme raison : « Parce que Dieu, qui a le pouvoir de vie et de mort éternelles, l'exige de nous ». Mais si on pose la question à un hobbesien, il répondra : « Parce que la chose publique l'exige et que le Léviathan vous punira si vous ne le faites pas ». Et si on l'avait posée à l'un des philosophes païens anciens, il aurait répondu : « Parce que c'est immoral, indigne d'un homme, opposé à la vertu qui est la plus haute perfection de la nature humaine de faire autrement ».*
>
> [Locke [1689] 2001, p. 95-96]

Par ces références supposées aux discours chrétien, hobbesien et païen, Locke dénonce l'encastrement de l'obligation morale dans les préceptes religieux et les lois civiles, et ébauche l'idée que la vertu est intrinsèque à l'homme, thèse reprise par la suite par les défenseurs de la théorie du sens moral : Shaftesbury, Hutcheson et Hume. Si

Locke, à l'instar de Hobbes, en établissant que l'assentiment aux principaux moraux viendrait des conventions générales et des engagements réciproques entre les individus et Dieu ou l'État, prend le contre-pied de la théorie de l'innéisme, il ne parvient pas pour autant à se défaire définitivement des préceptes religieux et à rendre à l'individu son autonomie vis-à-vis de Dieu.

Les qualités morales des actions y sont perçues comme inhérentes aux lois et aux règles : l'action est bonne si elle est recommandée par les règles, sinon elle est considérée comme mauvaise. Dans ces conditions, les individus sont mus essentiellement par leur intérêt personnel, motivés principalement par l'espoir d'une récompense ou la crainte d'une punition. Le fondement de la moralité n'est que « la volonté et la loi de Dieu seul, lui qui voit l'homme dans le noir, qui détient récompenses et punitions et possède suffisamment de pouvoir pour demander des comptes au pécheur le plus orgueilleux » (Locke [1689] 2001, p. 96).

L'idée des théoriciens du contrat social repose de manière sous-jacente sur la rationalité des individus, qui parviennent au contrat social par intérêt et calcul. Cette interprétation du fondement du social est particulièrement prégnante dans le *Léviathan* de Hobbes, où le pacte social originel n'est pas accidentel, mais le résultat d'une réflexion mûrie, d'un calcul utilitaire pour déterminer ce qui est mieux pour soi. Le respect aux contrats civils ou religieux, une fois instaurés, se base également sur l'intérêt personnel : quiconque transgresse les règles « s'expose à passer en justice et à se voir infliger une sanction légalement prévue » par l'État ou par Dieu (De Raeymaeker, 1961, p. 77). Pour autant, l'obligation morale stricte n'a de sens que dans un climat de liberté et d'autonomie humaine :

Il est question d'une obligation de conscience, dès lors d'une hétéronomie au for interne de la personne, c'est-à-dire au plan de la décision libre et donc à celui de l'activité autonome elle-même, au niveau fondamental de la vie intime, où jamais ne pénètre aucun regard d'autrui.

[De Raeymaeker, 1961, p. 78]

Pour parvenir à une obligation morale issue de la conscience et à une autonomisation de la notion d'intérêt personnel, c'est-à-dire dissocier l'intérêt de ses attaches religieuses, il faut d'une part dépasser l'approche de Hobbes selon laquelle le problème de l'obligation morale ne se pose pas, car c'est le Léviathan qui garantit l'ordre social ; et d'autre part s'opposer au « nominalisme moral » de Locke (Jaffro, 2000, p. 30) qui lie l'obligation morale à des lois, coutumes et préceptes religieux. La vraie moralité présuppose, en effet, la liberté des individus, c'est-à-dire la capacité de ne pas être mû par la crainte de la loi.

Même si, chez Rousseau, l'obligation morale de respecter le contrat social (ou les lois) est fondée sur la liberté de chacun, les contractualistes ne parviendront pas à rendre totalement autonome la capacité morale de l'homme. L'acception qu'ils adoptent de la notion d'intérêt personnel reste, via l'obligation morale, ancrée dans le discours religieux et les engagements réciproques entre les individus et Dieu (ou le Léviathan). Les théoriciens du sens moral – Shaftesbury, Hutcheson et Hume –, au siècle suivant, leur apporteront la contradiction : rompant avec toute idée de convention ou d'engagement, ils s'appuieront sur le discernement naturel de l'homme pour lui rendre son autonomie, en mobilisant un concept d'intérêt personnel déconnecté de toute morale religieuse.

2. De la vision philosophique de l'intérêt privé à son interprétation économique

L'objet de cette deuxième section est de montrer comment, avec Adam Smith, l'économie s'autonomise vis-à-vis du cadre religieux en proposant une nouvelle formulation de l'intérêt privé. La recherche de l'intérêt personnel, via la métaphore de la « main invisible », devient le fondement et le mécanisme de régulation du social. Ce faisant, Adam Smith déplace le concept du champ de la religion à celui de l'économie.

Dans cette section, nous montrons, en premier lieu, que pour les auteurs représentatifs des Lumières écossaises – au premier rang desquels Shaftesbury, Hutcheson ou Hume – l'intérêt comme vertu morale est intrinsèque à l'homme, qui est capable de coordonner ses affections avec celles de son espèce. Autrement dit, il ne tire pas sa vertu des préceptes religieux mais de son « sens moral ». En second lieu, nous présentons les prémices de la théorie de l'ordre spontané, dans laquelle Adam Smith trouve son inspiration, telle que l'exposent les jansénistes, ou encore Mandeville.

2.1. Vers une autonomisation de l'intérêt personnel : la morale comme qualité intrinsèque de l'homme

Les actions humaines, pour être qualifiées de morales, ne sauraient être motivées par la seule crainte d'une punition ou le seul espoir d'une récompense. La moralité présuppose en outre la liberté de l'individu, c'est-à-dire la capacité de ne pas être mû par la crainte des règles ou des préceptes religieux. C'est en substance la manière dont les philosophes du XVIIIe siècle considèrent la volonté humaine, qui s'exprime à travers l'intérêt personnel, hors de toute régulation divine ou séculière.

Le concept de sens moral (*moral sense*), introduit par Anthony Ashley-Cooper dans les marges de la deuxième édition de l'ouvrage *Inquiry Concerning Virtue* en 1711, va poser les fondements de la conception contemporaine de « l'individu », désaliéné, dégagé des contraintes sociales, traditionnelles ou religieuses. Il représente le chaînon manquant de la pensée contractualiste, qui permet d'autonomiser l'intérêt personnel et de le dissocier définitivement de toute considération religieuse. Le point de départ de son argumentation repose sur une opposition entre instances naturelles et instances conventionnelles, qu'il convient de ne pas assimiler aux débats entre l'inné et l'acquis (Jaffro, 2009, p. 3-4).

Le sens moral n'est ainsi ni tout à fait inné, ni tout à fait acquis. Il se définit comme la capacité à distinguer le bien du mal, à attribuer une haute valeur aux actions vertueuses grâce à « un sens supérieur » (Hutcheson [1725] 2015, p. 150). Il n'est pas constitué d'emblée mais demande à être cultivé. Pour autant, il n'est pas non plus le fruit de l'expérience mais est décrit comme une qualité naturelle, intrinsèque à l'homme. C'est ainsi que nombreux seront ceux qui montreront un penchant naturel pour la générosité, la loyauté ou la justice, sans référence aucune au divin ou sans aucune idée de récompense (Hutcheson [1725] 2015, p. 164). « Il n'est pas nécessaire de croire en Dieu » pour être vertueux, confie Shaftesbury ([1699] 2006) :

[Toute] créature a un bien privé et un intérêt qui lui est propre et que la nature l'a forcée à rechercher par tous les avantages qui lui sont offerts, dans les limites de sa constitution. Nous savons qu'il y a, pour chaque créature, une bonne condition et une mauvaise condition et que la bonne est favorisée par la nature et qu'elle est affectionnée et recherchée par la créature.

[Shaftesbury [1699] 2006, p. 15]

Le sens moral est donc antérieur à toute institution, à toute loi, à tout raisonnement de la loi, et à tout précepte religieux. Ni les lois qui approuvent ou les religions qui sanctionnent ne sauraient altérer l'immuable et absolue nature du mérite et de la vertu (Shaftesbury [1699] 2006, p. 35). Ainsi, le sens moral apparaît-il comme un présupposé. Il « ne se réduit pas à l'obéissance à une loi extérieure et contingente » (Jaffro, 2001, p. 421).

Nous comprenons ici que le caractère naturel du sens moral permet de rendre à l'individu son autonomie. Celui-ci n'est plus juste ou vertueux en référence à la foi ou aux préceptes religieux, mais par sa capacité naturelle à être moralement bon. En ce sens, la morale n'est plus transcendante ni conventionnelle mais immanente à l'homme. Au contraire, « la conscience religieuse suppose la conscience morale ou naturelle » (Shaftesbury [1699] 2006, p. 99, 222). La morale chez l'homme préexiste à la religion :

Il ne semble pourtant pas que l'athéisme, de lui-même, soit la cause qui fait que l'on estime ou évalue une chose comme belle, noble et méritante alors qu'elle est tout le contraire. Par exemple, l'athéisme ne peut jamais faire que l'on pense qu'être capable de manger de la chair humaine ou agir bestialement est bon et excellent en soi-

même. Mais il est certain qu'au moyen d'une religion corrompue, de la superstition, de nombreuses choses parmi les plus horriblement contre nature et inhumaines peuvent être considérées comme excellentes, belles et honorables en elles-mêmes.

[Shaftesbury [1699] 2006, p. 44]

Cette affirmation de Shaftesbury est pour le moins surprenante. Sous couvert de défendre le sens moral comme qualité naturelle de l'homme, en cherchant à nier toute ascendance de la religion sur la morale, il en vient à soutenir qu'une religion – aussi corrompue soit-elle – serait susceptible d'infléchir substantiellement ce qui, pourtant, le caractérise de manière intrinsèque. Il n'en demeure pas moins qu'au regard de l'Église catholique, son point de vue revient à écarter le Christ comme norme plénière et concrète de toute action morale. Il faut cependant attendre deux siècles avant que les idées défendues d'une part par les théoriciens du contrat social, d'autre part par les tenants du sens moral, ne soient officiellement condamnées par l'Église[26].

Dans la seconde moitié du XIXe siècle, suite aux bouleversements politiques, idéologiques et religieux survenus durant les XVIIe et XVIIIe siècles (notamment la Révolution française et la révolution industrielle en Grande-Bretagne), le Pape Pie IX d'abord, à travers l'encyclique *Quanta cura* du 8 décembre 1864 et son

[26] Depuis la condamnation des idées de la Réforme au concile de Trente (1545-1563), il s'est passé trois siècles pendant lesquels l'idée de réunir un concile œcuménique a été avortée. Ce n'est que plus tard, au XIXe siècle, que l'Église a réuni le concile œcuménique de Vatican I (1869-1870). Ceci explique pourquoi les idées des théoriciens du contrat social ont eu un écho tardif au sein de l'Église.

Syllabus, le concile œcuménique du Vatican I ensuite, condamnent les idées des Lumières écossaises en les assimilant à la plus « vaste conspiration des ennemis » et le plus « grand amas d'erreurs contre la société catholique et [le] siège apostolique » (Pape Pie IX, 1864, p. 14), survenus depuis le concile de Trente (1545-1563) :

> *C'est alors qu'a pris naissance et que s'est répandue partout dans le monde cette doctrine rationaliste ou du naturalisme, qui, s'attaquant par tous les moyens à la religion chrétienne en tant qu'elle est surnaturelle, s'acharne avec ardeur à écarter le Christ, notre unique Seigneur et Sauveur, de l'esprit des humains et de la vie et de mœurs des peuples, pour lui substituer ce qu'ils appellent le règne exclusif de la raison et de la nature*[27].

L'Église à travers son magistère condamne la vision de ce qu'elle appelle « le naturalisme ». Celui-ci affranchit l'individu de la religion et du Christ. Il l'inscrit dans un ordre naturel dans lequel il est capable de savoir par lui-même ce qui est juste en fonction du désir de sociabilité spécifique à son espèce.

> *Quelle infortune ce doit être pour une créature dont la dépendance sociale est plus grande que toute autre dépendance de perdre l'affection naturelle par laquelle il est incité au bien et à l'intérêt de son espèce et de sa communauté.*
>
> [Shaftesbury [1699] 2006, p. 110]

---

[27] *Concile Vatican I* (1869-1870) : *Constitution dogmatique sur la foi catholique "Dei Filius"*, session III du 24 avril 1870, *in* Alberigo, 1994b, p. 1635.

Puisque l'individu est inscrit dans cet ordre naturel et connait ce qui est juste, il est capable de coordonner son intérêt personnel avec l'intérêt de sa propre espèce, c'est-à-dire l'intérêt commun. Dans cette logique, les intérêts particuliers ou encore les appétits et les affections individuelles – tels l'amour de la vie, le ressentiment des injures, l'amour des femmes, des autres plaisirs des sens – ne peuvent être considérés comme des comportements pécheurs car ils servent au maintien de l'espèce.

Même si ces intérêts personnels ou « ces penchants relatifs au système individuel que consistent l'intérêt et l'amour-propre » (Shaftesbury, 2006[1699], p. 233) servent au bien commun, ils ne revêtent pas cependant une connotation économique car ils se situent encore dans le champ de la philosophie morale. Néanmoins, les théories du « naturalisme » notamment de l'ordre naturel, préfigurent en un sens l'idéologie individualiste et utilitariste défendue par les Lumières écossaises qui, par la suite, la transposeront à la sphère économique.

2.2. Les premières formulations de la convergence entre les intérêts privés et l'intérêt commun

Avec Mandeville, l'idée de l'ordre naturel des intérêts amorcée par Shaftesbury dans le cadre des affections individuelles, va prendre un nouveau tournant et préfigurer la notion de marché économique, comme fondement et régulateur du social, hors du cadre religieux. Néanmoins, les prémices de l'idée d'autorégulation économique qui œuvrerait dans le sens du bien-être collectif sont déjà présentes aux XVIIe et XVIIIe siècles chez Boisguilbert et ses sources d'inspiration janséniste (Ined, 1966). Mais, celles-ci, au lieu de faire reposer l'ordre naturel des intérêts sur le marché via la « main invisible », notion qui n'a pas encore émergé, l'attribuent à la Providence divine, favorisant ainsi un retour au religieux.

L'ordre providentiel soutenu par les jansénistes est une réaction au courant mercantiliste qui s'étend du XVIe au XVIIIe siècle et dont les idées politiques sont *« unification and power »* (Heckscher, 1955, p. 24). Le courant mercantiliste adopte comme point de départ de son discours les idées des théoriciens du contrat social : le prince est l'administrateur de la collectivité, « le conducteur suprême de la machine économique » (Schatz, 1907, p. 13). Est ainsi affirmée l'idée que la puissance du souverain est principalement fonction de sa richesse. En d'autres termes, favoriser la richesse nationale reviendrait à œuvrer pour la grandeur du prince, ou pour reprendre l'adage de John Hales de 1581, « The wealth of the subjectes is the weatlth of the Kinge » (cité par Fourquet, 2002, p. 158)[28]. Puisque la richesse du peuple confère à l'autorité politique sa puissance, il revient au prince d'être le superviseur naturel du royaume et d'organiser l'économie en fonction de la prospérité royale.

Dans ce contexte mercantiliste, des voix dissonantes ne tardent pas à se faire entendre. Les détracteurs de l'idéologie mercantiliste, notamment les jansénistes, soulignent les effets désastreux des politiques, tantôt protectionnistes, tantôt libérales qui, loin de favoriser l'opulence des nations, n'ont eu de cesse de les appauvrir. L'exemple le plus frappant est celui de l'agriculture, secteur dans lequel les politiques tarifaires (libéralisme commercial en 1664 et protectionnisme en 1667 en France) – en particulier les restrictions apportées au commerce du blé – et les taux d'imposition plus élevés ont démotivé les agriculteurs.

---

[28] Voir également William Forest au XVe siècle : « Soyez sûr que le roi ne peut jamais être pauvre dont la communauté est riche » (cité par Fourquet, 2002, p. 158).

Ces critiques justifient en un sens le credo économique que soutiennent les mercantilistes. Loin de condamner l'opulence outrancière des nations, les détracteurs au courant mercantilisme confirment l'accumulation de la richesse comme objectif premier :

> *Tous l'entretiennent* [l'opulence] *nuit et jour par leur intérêt particulier, et forment en même temps, quoique ce soit à quoi ils songent le moins, le bien général de qui, malgré qu'ils en aient, ils doivent toujours attendre leur utilité singulière.*
>
> [Ined, 1966, p. 991]

En affirmant que la recherche effrénée du gain personnel conduit les citoyens à travailler malgré eux à l'opulence de la nation, Boisguilbert énonce une première formulation de la théorie de l'ordre naturel des intérêts, selon laquelle il existerait une convergence des intérêts particuliers vers l'intérêt collectif. Lequel intérêt ne saurait être assimilé ni à l'intérêt général (ou public) ni à la somme des intérêts individuels, sinon considéré comme « un intérêt de type immanent » (Cornu *et al.*, 2017, p. 689), tirant sa source de la coordination naturelle des intérêts particuliers. Dans le sillage de Boisguilbert, North (1691, p. 3) applique cette idée d'ordre spontané au commerce international, en considérant que chaque nation en tant que « particulier » est un acteur de l'opulence mondiale. Le commerce enrichirait à la fois le commerçant et le public, de même que les échanges internationaux profiteraient à toutes les nations sans exception.

La thèse, selon laquelle la poursuite de l'intérêt personnel pourrait améliorer la condition de tous, est développée par des auteurs dont la plupart sont chrétiens. Leur objectif n'est pas de proposer un modèle économique fondé sur l'intérêt privé mais de dénoncer les préceptes économiques du courant mercantiliste, qu'ils jugent artificiels et voués à l'échec. Ils précèdent les Lumières écossaises en imaginant l'économie comme un système autorégulé mais voient dans la Providence divine la véritable source de cette régulation :

> *Cependant, par un aveuglement effroyable, il n'y a point de négociant, quel qu'il soit, qui ne travaille de tout son pouvoir à déconcerter cette harmonie ; ce n'est qu'à la pointe de l'épée, soit en vendant, soit en achetant, qu'elle se maintient ; et l'opulence publique, qui fournit la pâture à tous les sujets, ne subsiste que par une Providence supérieure, qui la soutient comme elle fait fructifier les productions de la terre, n'y ayant pas un moment ni un seul marché où il ne faille qu'elle agisse, puisqu'il n'y a pas une seule rencontre où on lui fasse la guerre.*
>
> [Ined, 1966, p. 986]

Pour Boisguilbert, la présence d'une force extérieure (la Providence) est nécessaire pour que l'optimum social (l'État d'opulence) soit atteint. La Providence renvoie ainsi à un ordre naturel qui assure la libre concurrence dans les transactions entre les individus (Menuet, 2020, p. 22). De même, pour Vanderlint, le travail et la terre sont conçus comme des dons provenant de la Providence, et « la voie de cette Providence est établie dans la nature des choses pour le bien-être et le bonheur de l'humanité » (Vanderlint, cité par Schatz, 1907, p. 23). La coordination des actions individuelles n'est la conséquence d'aucun contrat, d'aucun pouvoir politique, sinon le fruit de la Providence divine, qui mobilise les talents et les moyens conférés par Dieu aux hommes pour parvenir à l'opulence des nations.

Cette Providence divine, qui n'est autre chose que l'amour de Dieu, est également confiée à l'homme, créé à son image, pour la transmettre à ses semblables : témoigner de l'amour de Dieu. L'homme accomplit cette mission par la solidarité et la charité envers ses semblables. La Providence divine est, en ce sens, la main invisible de Dieu qui agit à travers la solidarité et la charité entre les hommes, et guide, en outre, les actions individuelles vers l'intérêt collectif.

Prenant le contre-pied des jansénistes, Mandeville [1714] 1998 propose de substituer à la Providence un système moral qui ne fait l'apologie ni de la solidarité, ni de la charité mais de l'égoïsme. Avec lui, l'idée d'harmonie des intérêts va s'extraire de la vision providentielle et prendre un nouveau tournant. Mandeville signe en 1705 un pamphlet intitulé « La ruche mécontente ou les coquins devenus honnêtes gens », qui ne prendra son titre définitif de *Fable des Abeilles* qu'en 1714, et dont le sous-titre résume à lui seul l'esprit plutôt subversif de ses positions : « les vices privés font le bien public ».

Mandeville part d'une fiction dépeignant une ruche prospère, composée de travailleurs misérables, de brigands, de gens industrieux, de coquins, de voleurs à la tire, de faux-monnayeurs, de charlatans, de devins (Mandeville [1714] 1998, p. 30) afin de décrire la relation entre les actions individuelles viciées et le bien public. La ruche, image de la société humaine, vit dans la prospérité et la corruption. Soudainement animées par le souci d'emprunter enfin le chemin de la vertu, les abeilles s'en remettent à la prière… et voient leur vœu exaucé. Elles ne sont plus poussées ni par la cupidité, ni par la corruption, ni par la méchanceté. Elles n'ont plus le goût du luxe et se contentent du strict minimum pour vivre. En quelque sorte, toutes les abeilles trouvent le bonheur dans la pauvreté et l'amour du prochain. Cependant, dans leur nouvelle posture d'ascètes, les abeilles en viennent à dédaigner et mépriser toutes les inventions, notamment le commerce, l'industrie ou les arts, qui permettaient jusque-là de procurer confort et plaisir. Dans leur frugalité, l'inactivité et la pauvreté s'installent dans la ruche, et la prospérité disparait, en même temps que les actions viciées. Et Mandeville de conclure que la disparition des vices individuels chez nos abeilles serait la cause première de la ruine de la ruche. À l'instar de la ruche, distinguer les actions nobles des actions viles, au sein d'une nation, n'aurait ainsi aucun sens ; en effet, la recherche de l'intérêt privé, en ce qu'elle stimule la prospérité individuelle, contribue à la prospérité collective. Aussi, pour Mandeville, les vertus morales naissent-elles du vice :

> *Plus nous examinerons de près la nature humaine, plus nous nous convaincrons que les vertus morales sont la progéniture politique que la flatterie et l'orgueil ont engendrée à eux deux.*
>
> [Mandeville [1714] 1998, p. 49]

Mandeville ([1714] 1998, p. 45), compte sur les défauts des hommes, notamment l'égoïsme et l'orgueil, caractéristiques inséparables de l'essence humaine, pour les pousser malgré eux à se réguler, à « se comporter comme il faut et ainsi à collaborer entre eux dans un avantage soi-disant commun » (Mauroy, 2011, p. 85*)*. De cette collaboration forcée doit émerger le bien commun.

La recherche du prestige, de la reconnaissance de l'autre, incitera le marchand à faire fructifier son industrie. Selon Mandeville, on retrouve dans l'Église catholique romaine cette morale du semblant (Latouche, 2001, p. 412). Les individus sont moins poussés par la charité que l'orgueil et l'égoïsme quand ils font des œuvres caritatives ou philanthropiques. En d'autres termes, les vertus des bonnes âmes, qui financent, par exemple, les écoles catholiques sont suspectes. On peut assimiler à ces actions un désir de gloire, une vanité terrestre et une ostentation, plus qu'une véritable charité chrétienne. D'ailleurs, « l'orgueil et la vanité ont édifié davantage d'hôpitaux que toutes les vertus réunies », affirme-t-il (Mandeville [1714] 1998, p. 206). Ce qui est sous-jacent à la charité chrétienne, c'est en réalité l'intérêt personnel : les actes que les hommes posent, ils les font « en partie dans [leur] intérêt » (Mandeville [1714] 1998, p. 201), qu'il s'agisse de contenter leur orgueil ou d'obtenir un bénéfice réel.

C'est ce même orgueil qui pousse les individus à préférer les biens de luxe à ce qui est absolument nécessaire à la vie (Mandeville [1714] 1998, p. 90-100). Pour se les procurer, les individus sont prêts à user de tous les moyens, de tous les stratagèmes, même les plus malhonnêtes. Mandeville dénonce ainsi les avocats véreux, qui retardent délibérément les audiences pour toucher plus d'honoraires, les médecins indélicats, qui s'arrangent avec les apothicaires pour profiter de leurs malades, les prêtres corrompus, qui se font payer chèrement les bénédictions, jusqu'aux rois, qui pillent le trône qu'ils sont censés servir. Tous cachent soigneusement leur paresse, leur cupidité et leur orgueil, mais tous participent à leur manière à la prospérité collective, qui, à son tour, attire de nouvelles abeilles n'appartenant pas à la ruche. Car il faut des soldats pour assurer l'ordre (et ceux-ci peuvent y espérer double solde), des ouvriers pour les métiers les moins convoités, des bardes et des musiciens pour vanter les mérites des notables :

> *La source de tous les maux, la cupidité, Ce vice méchant, funeste, réprouvé, était asservi à la prodigalité, Ce noble péché, tandis que le luxe Donnait du travail à un million de pauvres gens, Et l'odieux orgueil à un million d'autres. L'envie elle-même, et la vanité, Étaient serviteurs de l'application industrieuse ; leur folie favorite, l'inconstance Dans les mets, les meubles, le*

vêtement, ce vice bizarre et ridicule, devenait Le moteur même du commerce.

[Mandeville [1714] 1998, p. 33-34]

L'orgueil et le goût du luxe, par le travail qu'ils donnent à chacun, sont les principaux moteurs de l'activité économique et du commerce. Le libertin qui agit par vice voit sa prodigalité offrir du travail aux tailleurs, aux serviteurs, aux parfumeurs, et aux charpentiers. « Le mécanisme en œuvre est bien sûr le pouvoir que possède la dépense en biens de consommation, de se transformer en emplois chez les fournisseurs de ces biens ; [en ce sens que] l'emploi est proportionnel à la dépense » (Fréjaville, 2007, p. 6).

Prenant le contre-pied des condamnations récurrentes dont le luxe fait l'objet dans l'histoire des idées[29], Mandeville en fait l'apologie, en ce que la dépense qu'il engendre devient un bienfait collectif. Mandeville opère ainsi une rupture décisive vis-à-vis de ses prédécesseurs, en affranchissant le vice du champ de la morale pour celui de l'économie. Et de conclure que si « l'orgueil et le luxe sont les grands moteurs du commerce, [les bonnes gens] ne voudront jamais convenir que dans un siècle plus vertueux (c'est-à-dire un siècle qui serait exempt d'orgueil) il serait inévitable que le commerce décline beaucoup » (Mandeville [1714] 1998, p. 101).

On ne saurait donc obtenir la prospérité économique sans le vice. L'opulence économique anglaise, comme « tout un chacun peut le constater chaque jour un peu plus dans l'Angleterre marchande et capitaliste du XVIIIe siècle » (Latouche, 2001, p. 409) illustre bien cette « fécondité de l'égoïsme » (Schweitzer, 2011, p. 87) et des vices telles la convoitise, la vanité, la cupidité et l'envie.

---

[29] Voir sur ce point Diemer (2013).

2.3. La substitution de la terminologie économique de l'intérêt à la taxinomie des actions viciées

Durant le XVIIIe siècle, les Lumières écossaises n'auront de cesse d'épurer les propos de Mandeville, pour n'en conserver que les idées novatrices. Ainsi, sous la plume de Hutcheson, Hume, et plus particulièrement de Smith, les « passions » et les « vices » cèdent-ils la place à une terminologie (économique) plus nuancée – comme « avantage économique », « intérêt privé » ou « bien de tous » –, qui, tout en les sortant de la morale religieuse, les rend acceptables aux yeux de tous. Au déontologisme, selon lequel une action est morale si elle respecte les règles religieuses, indépendamment des conséquences induites, les Lumières écossaises vont opposer le conséquentialisme. Pour eux, l'action la plus morale est aussi la plus utile socialement (Deslandes, 2010, p. 106). Autrement dit, tout ce qui a pour conséquence d'apporter un maximum de bonheur aux individus est fondé moralement.

Pour Hutcheson, les actions des individus ne sont pas viciées mais naturellement dirigées vers le bonheur du plus grand nombre :

> *Il ressort de tout ce qu'on vient de dire, écrit-il, qu'il y a dans la nature humaine un désir ultime désintéressé du bonheur d'autrui, et que notre sens moral nous détermine à approuver comme vertueuses les seules actions qui procèdent, au moins partiellement, de ce désir.*
>
> (Hutcheson [1725] 2015, p. 188)

Si certains considèrent les actions humaines comme principalement motivées par l'intérêt personnel, Hutcheson les juge fondamentalement bienveillantes et désintéressées.

L'action la plus utile et vertueuse perd du sens « dès lors qu'elle ne procède que de l'amour-propre ou de l'intérêt [personnel] » (Hutcheson [1725] 2015, p. 176). Or, coexistent chez l'homme l'amour-propre et la bienveillance. Ces deux principes décident conjointement du motif d'une action, dont le résultat verra tantôt l'un, tantôt l'autre, prendre le dessus. Dans les deux cas, l'action préférable ou « l'action la meilleure est celle qui procure le plus grand bonheur au plus grand nombre ; et la pire celle qui, de façon analogue, occasionne le plus grand malheur » (Hutcheson [1725] 2015, p. 216). De la même façon, nous approuvons une action en invoquant « son utilité pour le public, et non pour l'auteur lui-même » (Hutcheson [1725] 2015, p. 231).

Alors même que l'approche d'Hutcheson pourrait sembler de prime abord largement positive – la bienveillance y étant décrite comme la manière dont les individus forment leurs décisions –, Halévy se demande, à juste titre, si elle ne présage pas la conception normative de l'utilitarisme, la morale conséquentialiste moderne la plus connue, dessinée par Bentham quelques années après. Toutefois, dans la mesure où le sens moral rend compte de l'utilité d'une action, Hutcheson débarrasse l'intérêt personnel de ses attaches religieuses.

Avec Hume [1751] 1991, l'intérêt personnel accède à un nouveau statut. Non seulement, il est considéré en fonction des avantages qu'il procure à la collectivité, mais il devient également primordial pour la subsistance de la société. En d'autres termes, parce que les actions motivées par l'intérêt personnel peuvent être utiles à la collectivité, l'intérêt personnel n'est pas un vice, mais une vertu nécessaire à la conservation et à l'organisation de la société :

Il apparaît comme un fait que la circonstance d'utilité, dans tous les domaines, est source de louange et d'approbation. [...] Il apparaît aussi que dans notre approbation générale des caractères et des mœurs, la tendance à l'utilité des vertus sociales ne nous émeut pas dans la perspective de notre intérêt personnel, mais possède une influence beaucoup plus vaste et beaucoup plus universelle. Il apparaît que c'est toujours une tendance au bien public et à l'instauration dans la société de la paix, de l'harmonie et de l'ordre, qui, en touchant les principes bienveillants de notre nature, nous engage du côté des vertus sociales.

[Hume [1751] 1991, p. 141]

Néanmoins, certaines questions restent non résolues. Par quels mécanismes, l'intérêt personnel assure-t-il son nouveau statut de régulateur, de maintien de la société ? Par quel mécanisme, la poursuite de l'intérêt personnel parvient-elle à satisfaire l'intérêt collectif ? Pour le dire autrement, quelle est la clé de passage de l'intérêt privé à l'intérêt collectif ? Les réponses à ces différentes questions par Adam Smith permettront d'assoir définitivement l'intérêt personnel dans la sphère économique et de lui conférer le rôle privilégié de liant social.

2.4. La thèse d'Adam Smith : synthèse d'une émancipation de l'intérêt personnel hors du cadre religieux

Adam Smith parachève la dynamique de l'autonomisation de la notion d'intérêt personnel en lui conférant une dimension économique. Toutefois, la conception d'intérêt personnel n'est pas totalement déconnectée chez lui de la morale, même si celle-ci ne trouve plus son fondement dans le religieux. Pour comprendre les idées d'Adam Smith, il convient de les resituer dans le contexte de la foi calviniste, environnement dans lequel il a grandi et a enseigné la philosophie morale et la théologie naturelle.

Adam Smith est né en 1723 à Kirkcaldy, en Écosse, et a été élevé par une mère calviniste dévouée. À 14 ans, il entre à l'Université de Glasgow grâce à une bourse. Plus tard, il suit des enseignements à Balliol College à Oxford, où il acquiert une connaissance approfondie de la littérature européenne. Rentré chez lui en Écosse, Adam Smith donne un certain nombre de conférences à l'Université de Glasgow, où il est nommé professeur de philosophie. En 1751, il y signe publiquement la confession calviniste devant le presbytère, comme il est habituel pour tout nouveau professeur, et enseigne la foi calviniste (Oslington, 2012). Cette profession signifiait sans doute son adhésion à la Providence divine (l'amour bienveillant de Dieu) et au déisme (la croyance en un créateur inconnu et tout-puissant), selon Kennedy (2009).

Considérant qu'Adam Smith, professeur de théologie et de philosophie morale à l'Université de Glasgow, avait subi les influences de la morale – comme celle de la théologie naturelle – dans l'élaboration de ses idées sur la poursuite de l'intérêt privé, plusieurs auteurs ont cherché à réconcilier les différentes approches (Dermange, 2003). Pour Oslington (2012), les idées d'Adam Smith en faveur « d'un ordre naturel harmonieux et son universalisme » transparaissent dans son ouvrage philosophique, *La théorie de sentiments moraux* [1759], dans lequel il utilise la célèbre métaphore de la « main invisible », qu'il reprendra plus tard dans son œuvre majeure d'économie politique, *Enquête sur la nature et les causes de la richesse des nations* [1776], faisant de lui le Père du libéralisme économique.

On reconnaît souvent à Smith [1776] 1991, la paternité de l'idée d'ordre spontané, qui assurerait la convergence involontaire des intérêts privés avec le bien de tous. Les individus, en poursuivant leurs intérêts privés, œuvreraient sans le savoir au bien-être de la société : le boucher, le brasseur et le boulanger – nous dit-il – pourvoient à nos besoins non pas parce qu'ils sont bienveillants mais parce qu'il est dans leur intérêt de le faire. Ce faisant, ils seraient conduits à satisfaire l'intérêt collectif via une « main invisible ». Chaque individu (un boulanger, par exemple), en agissant dans son intérêt personnel pour améliorer ses conditions de vie ou sa richesse personnelle, fait profiter par un processus « naturel » de ses compétences ou de son savoir-faire à toute la collectivité.

Smith [1776] 1991, sans doute influencé par la religion[30], va réécrire la pensée de Mandeville relative à l'harmonie des intérêts, en remplaçant le terme de « vice » (considéré comme péché), par des expressions plus neutres, comme « intérêt privé ». Dans le même temps, il pousse à l'extrême les arguments de ses compatriotes, en leur donnant une connotation purement économique. La « main invisible », dans cet exercice de réécriture, devient ainsi l'outil qui forge la transformation du vice en vertu (Schweistzer, 2011). Mais plus encore, en elle se combine le conséquentialisme des Lumières écossaises et le déontologisme religieux, l'intérêt personnel produisant des résultats sociaux involontaires. Pour autant, Smith a besoin de la figure de Dieu pour s'assurer que les conséquences involontaires des intérêts individuels soient bénéfiques pour la société. Le rôle actif de Dieu apparait alors sous la forme imagée de la métaphore de la « main invisible ». C'est bien la main de Dieu qui agit dans le monde. Si la

---

[30] Outre le contexte familial qui est le sien, Adam Smith vit une époque où la religion est centrale et omniprésente. Voir sur ce point Friedman (2011).

représentation smithienne de la société renvoie à un système ou un monde doté d'une bonne structure, qui fonctionne selon ses lois propres, celles-ci ne peuvent être dissociées de Dieu toujours présent (Hill, 2001). Aussi les individus, en tenant compte de leurs seuls intérêts privés, agissent pour le bien de la société, comme s'ils étaient les instruments « d'un Dieu ingénieur – à la fois créateur et superviseur, un horloger qui surveille et répare son horloge » (Diemer et Guillemin, 2012, p. 353) –, ou les réalisateurs d'un dessein qu'ils ignorent.

Dans cette logique, la « main invisible » constitue le véritable mécanisme autorégulateur du marché, capable de régler de façon suffisante (et de faire coïncider) les besoins économiques des uns et des autres, en faisant reposer sur la recherche de l'intérêt personnel l'efficacité du système dans son ensemble. Dans ces conditions, la régulation du social s'opère hors de la loi civile ou de tout cadre religieux. La vraie sécularisation, comprise comme l'émancipation de la notion d'intérêt via celle des individus vis-à-vis des schèmes, des représentations et des héritages religieux (Monod, 2013, p. 6), serait alors la généralité de l'interactionnisme. L'interaction humaine, qui procède de la recherche par les individus de la satisfaction de leurs intérêts, des actions – profitables à tous – qu'ils sont susceptibles de mener, assure la durabilité de la cohésion sociale. Toutes les actions économiques individuelles sont interdépendantes (Nadeau, 1998). Le marché serait alors à même de les coordonner et de les faire converger vers le bien commun, à la manière d'une « Providence laïcisée » (Biziou, 2003).

La notion smithienne de marché permet de dépasser le problème de l'obligation morale qui se posait chez les contractualistes. Elle se substitue à la procédure des engagements réciproques et aux préceptes religieux, et conduit à « penser la société biologiquement », c'est-à-dire comme un corps autonome, homéostatique, n'ayant besoin d'aucune instance extérieure, telle que la loi civile ou la morale religieuse, pour assurer sa régulation. Ainsi, « la loi de la valeur », à elle seule, par le biais de l'intérêt personnel, règle les rapports d'échange entre marchandises, comme les rapports entre individus (Rosanvallon, 1999, p. 46) :

> *La société peut se maintenir entre différents hommes comme entre différents marchands, à partir du sens de son utilité, sans aucun lien réciproque d'amour ou d'affection. Et quoique l'homme qui en est membre ne soit lié par aucune obligation, ni par aucune forme de gratitude vis-à-vis d'autrui, la société peut toujours être soutenue par l'échange mercenaire de bons offices selon des valeurs convenues.*
>
> [Smith [1759] 1999, p. 140-141]

Ce sont les échanges librement consentis, favorisés par un penchant naturel à trafiquer, qui règlent les rapports entre les individus et assurent la conservation de la société. Le marché ne saurait être perçu uniquement comme un mode d'allocation des biens et services par le prix, sinon également comme un mécanisme économique d'autorégulation du social, fondé sur la recherche de l'intérêt personnel (Rosanvallon, 1977). En ce sens, le marché, à travers la métaphore de la « main invisible », conduit à une forme de réhabilitation de la notion d'intérêt personnel, libérée du religieux.

Cette réhabilitation ne signifie pas pour autant qu'Adam Smith rejette la doctrine chrétienne à laquelle il adhère. Pour lui, l'homme scrupuleux peut suivre sans crainte son intérêt privé car, ce faisant, il contribue à l'objectif éminemment moral du bien commun. Il peut, par ailleurs, déployer ses bons sentiments dans la sphère privée, à travers la religion (Liger-Belair, 2017).

Adam Smith aborde cette problématique à partir de ses présupposés théologiques et moraux. Selon les Pères de l'Église et les théologiens réformateurs (Ralph Cudworth, Henry More, John Smith et Hutcheson, notamment), la vertu consiste en la bienveillance, qui en est l'attribut suprême. Cette théologie repose sur le fait que l'humanité a une origine commune en Dieu : l'homme est créé à l'image de Dieu. Dès lors que ce Dieu est bienveillant et que l'individu est bénéficiaire de cette grâce, celle-ci doit transparaitre dans les relations que les individus tissent les uns avec les autres. Adam Smith adhère à cette théologie et admet que :

> *La bienveillance reste toutefois l'attribut suprême et directeur, auxquels les autres sont subordonnés, et toute l'excellence ou toute la moralité des opérations divines, si l'on me permet une telle expression en est finalement dérivée. Toute la perfection et la vertu de l'esprit humain consistent en une certaine ressemblance ou une certaine participation aux perfections divines et, par conséquent, à être empli de ce même principe de bienveillance et d'amour qui influence toutes les actions de la Divinité.*

[Smith [1759] 1999, p. 402-403]

Les moyens pour imiter cette bienveillance de Dieu, poursuit Smith, sont « les actions de charité et d'amour » (Smith [1759] 1999, p. 403). Voilà pourquoi, agir par bienveillance est un motif d'éloge. Il s'agit également d'un motif de joie pour ceux qui croient à l'existence d'un Être suprême bienveillant.

Pour celui qui ne croit pas en la bienveillance divine ou qui ne saurait se hisser à la hauteur de l'idéal prôné par les textes sacrés, la nature même de ses imperfections peut le conduire à agir à partir de motifs moins nobles que la bienveillance. Pourtant, ces motifs, malgré leur manque de vertu première, peuvent fréquemment se révéler être vertueux :

> *Le souci de notre intérêt et de notre bonheur privés semble être aussi, dans bien des occasions, un principe d'action très louable. On suppose généralement que les habitudes d'économie, d'industrie, de discrétion, d'attention et d'application de l'esprit sont cultivées pour des motifs d'intérêt personnel, et en même temps elles sont des qualités grandement dignes d'éloges, qui méritent l'estime et l'approbation de tous.*
>
> [Smith [1759] 1999, p. 406]

Adam Smith semble ici faire un parallèle entre la bienveillance, qualité qui – dans un cadre religieux – fait l'objet d'éloge et d'approbation, et l'intérêt personnel qui, replacé au sein de la sphère économique, peut également être jugé louable en ce qu'il contribue au bien commun. Les motifs ne sauraient ainsi être jugés à l'aune de leur motivation propre mais à la lumière de leurs résultats. Dans la sphère économique, c'est « le souci de notre intérêt » (Smith [1759] 1999, p. 406), en ce qu'il conduit au bien collectif, qui est le principe d'action louable.

L'assimilation de l'intérêt personnel à la bienveillance comme vertu suprême facilite la transition du débat de la sphère morale à la sphère économique. Adam Smith rend à la fois compte, dans les décisions des individus, tout autant des aspects moraux, lorsqu'elles sont guidées par la bienveillance, que des aspects économiques, lorsque l'intérêt personnel en est le moteur. Il semble ainsi transposer au second les qualités que la morale religieuse reconnaît à la première. Cette comparaison lui permet à la fois d'extirper l'intérêt personnel du cadre religieux dans lequel il était cloisonné, mais également de le rendre plus acceptable aux yeux de moralistes, comparativement aux positions autrefois défendues par Mandeville. Pour autant, Adam Smith n'élabore pas un système basé uniquement sur l'intérêt personnel des individus, il intègre tout autant à son analyse du comportement humain les motifs moraux de l'action, telles la bienveillance et la charité. Cependant, l'économie moderne ne retiendra que sa conception économique de l'intérêt personnel.

Conclusion

Nous avons montré, dans ce chapitre, comment la notion de l'intérêt personnel s'est émancipée de la morale religieuse pour devenir un concept économique. La première tentative remonte aux théoriciens du contrat social qui – à la suite de Saint Thomas d'Aquin –, à travers leur conception de la propriété et de la monnaie, réhabilitent l'intérêt personnel. Par la suite, les Lumières écossaises et notamment Adam Smith parachèvent la notion d'intérêt personnel en l'ancrant dans la sphère économique.

Alors que l'économie s'analysait sous le prisme religieux, la notion d'intérêt personnel, appréhendé via les mécanismes du marché économique, va permettre de soustraire l'économie de la morale religieuse et d'en faire une discipline à part entière. Ceci va, à son tour, favoriser une nouvelle forme d'interdépendance en rendant possible l'étude par l'économie d'un nouvel objet, la religion. La religion et les faits religieux vont être ainsi analysés, chez certains économistes, comme découlant de choix rationnels de la part des individus, et comme des marchés à part entière.

CHAPITRE II
LA RELIGION COMME OBJET ÉCONOMIQUE

Introduction

Le mouvement progressif d'autonomisation de l'économie, impulsé au XVIIIe siècle par les Lumières écossaises, atteint son paroxysme dans les écrits d'Adam Smith. La notion d'intérêt personnel, pièce centrale de la mécanique smithienne du marché, permet d'émanciper définitivement l'économie de la morale religieuse et offre ainsi les conditions favorables au développement d'une discipline autonome. Elle rend, de ce fait, possible l'analyse de la religion comme un objet d'étude légitime. Cette démarche est présente dès la *Richesse des Nations* (Smith [1776] 1991), ouvrage dans lequel Adam Smith analyse, dans le chapitre I du livre 5, la sphère religieuse et préconise la liberté de la foi et de la pratique religieuse. Il y transpose l'analyse qu'il développe dans la sphère économique, en opérant une analogie entre la logique des échanges propre au marché et celle des dépenses faites par ceux qui bénéficient de l'instruction religieuse ou de la transmission de la foi, caractéristiques du champ religieux qu'il juge plus ou moins concurrentiel. Il soutient vigoureusement les Églises libres, non conformistes, dissidentes, de même que les diverses sectes protestantes[31], et condamne les pratiques

[31] Adam Smith emploie le terme de « secte » pour qualifier les nombreuses branches du protestantisme. En outre, il ne conçoit ses réflexions sur le religieux qu'au sein du christianisme. C'est pour cette raison qu'il n'envisage en aucune façon de faire entrer ni le judaïsme, ni l'islam, et moins encore les religions « exotiques » telles que le bouddhisme ou le confucianisme, dans ses réflexions sur la religion (Simonnot, 2008, p. 266).

des Églises établies, que sont les Églises catholique et anglicane.

– C'est à partir du haut Moyen Âge que ces Églises intensifient et consolident leur pouvoir social, politique et économique au sein des sociétés. En particulier, la dimension économique au sein des activités religieuses devient prédominante. Les rois et les grands seigneurs ont cédé à l'Église catholique de nombreuses terres cultivables, ainsi que des biens fonciers, en contrepartie de son appui politique et de grâces divines. Par ailleurs, l'Église prélève un impôt, la dîme, correspondant au dixième des récoltes, en contrepartie des services religieux et sociaux qu'elle rend. Aux revenus fonciers et aux recettes fiscales, s'ajoutent les nombreux dons octroyés par des fidèles en quête du salut, en contrepartie de biens spirituels procurés par le service liturgique du clergé, comme, par exemple, le rachat de pénitences, à l'origine des indulgences[32], qui permettait d'atténuer les peines les plus lourdes, voire de les commuer en des sanctions exclusivement monétaires. Enfin, la structure administrative de l'Église repose, à

[32] Les indulgences consistent en la rémission devant Dieu de la peine temporelle exigée au titre des péchés terrestres. À partir du Xe siècle, la peine n'est plus accomplie par le coupable lui-même, mais peut être rachetée par la solidarité de l'Église ou par d'autres fidèles. À partir du XIe siècle, les indulgences sont accordées de manière anonyme à tout pénitent, sous condition de la visite d'une Église ou du versement d'une aumône. « Il faut se rappeler qu'Abélard a inauguré la controverse en s'attaquant non point à l'indulgence, en général, comme on l'affirme ordinairement, mais à l'indulgence accordée par les évêques moyennant aumône, parce qu'elle réduit à peu de chose le sacrifice exigé du bénéficiaire, sacrifice purement pécuniaire et qui peut être proportionné » (Le Bras, 1925, p. 332). Ces indulgences ont représenté, pour de nombreux hommes d'Église, de véritables effets d'aubaine.

l'époque, sur un système élaboré de collecte de taxes[33], que paient les ecclésiastiques au profit de la Papauté, conservant pour eux-mêmes la jouissance des *bénéfices*[34] ecclésiastiques.

Des siècles plus tard, certains économistes traiteront à nouveau les fonctions et productions spirituelles comme de simples marchandises[35] qu'ils analyseront sous le prisme des outils standards de l'économie. Ainsi, le postulat d'Adam Smith selon lequel les hommes seraient mus par la recherche de leur intérêt personnel est à la base de nombreux travaux plus récents portant sur l'analyse économique de la religion. Ces travaux reposent sur l'idée que l'activité religieuse, comme toute autre activité, s'explique par des stratégies individuelles fondées sur l'intérêt personnel. L'acte religieux ne fait pas exception au principe de rationalité. Les comportements religieux sont étudiés au niveau de l'individu, puis agrégés au sein du cadre de référence que représente le marché religieux, chargé de réguler les actions combinées des croyants et des producteurs de croyance. Les premiers chercheraient à maximiser leur utilité dans la vie présente, comme dans la vie future. Les seconds sont suspectés de vouloir maintenir ou renforcer le pouvoir institutionnel de leur Église.

L'objectif de ce chapitre est de montrer l'évolution de la religion comme objet d'étude économique, des écrits d'Adam Smith aux travaux les plus récents. Dans une première section, nous dresserons une brève description des activités économiques de l'Église catholique romaine au

---

[33] Nous nous référons ici aux taxes que le Pape, en tant que chef de l'Église, percevait auprès des ecclésiastiques ou du personnel ecclésiastique.

[34] Les *bénéfices* ecclésiastiques sont composés de l'ensemble des biens destinés à financer un office, tel qu'un évêché, une abbaye, ou une cure.

[35] Et ce, contrairement aux sociologues qui les considèrent comme des biens spécifiques : « biens de salut » pour Weber (1960), « biens symboliques » pour Bourdieu (1971).

Moyen Âge. Dans la deuxième section, nous présenterons l'analyse économique de la religion développée par Adam Smith. Nous montrerons enfin, dans une dernière section, comment les travaux contemporains en économie de la religion s'inscrivent pleinement dans la continuité de l'œuvre de Smith, en considérant la sphère religieuse comme régulée par les mécanismes du marché.

1. La dimension économique des pratiques religieuses au sein de l'Église médiévale

Au Moyen Âge, la dimension économique des pratiques religieuses prend la forme d'échanges de biens matériels en contrepartie de services religieux. Dans les diocèses, paroisses, monastères, les rétributions et les dons perçus à l'occasion de célébrations des offices religieux, les recettes de la dîme des fidèles, qui venaient compléter les revenus tirés des biens fonciers, représentaient des échanges explicites d'argent contre des services cléricaux ou des biens spirituels. Ces échanges s'effectuaient non seulement entre laïcs et ecclésiastiques, mais aussi avec la Papauté, puisque les souverains pontifes, en contrepartie de dicter la foi authentique, de garantir les conditions du culte rendu à Dieu, et de servir l'unité de l'Église, recevaient des recettes, prélevées sous forme d'impôt sur les différentes activités ecclésiastiques.

1.1. Le financement des cultes

Les recettes de la dîme des fidèles, perçues par l'Église locale (les diocèses, les paroisses et les monastères), complétées par les revenus tirés des biens fonciers, représentent un échange monétaire en contrepartie de services rendus par les clercs. En effet, la dîme était considérée, en plus des revenus fonciers, comme une contrepartie des services sociaux (l'ordre social, les actes de charité) et religieux que les clercs rendaient à la société dans sa globalité.

En Europe, au début de l'ère médiévale, la terre est considérée comme l'une des rares sources de revenus stables (Lynch, 1991, p. 12), tant pour les laïcs que pour le clergé. Le patrimoine foncier constitue la principale ressource des ecclésiastiques, qui prend la forme de produits tirés de l'exploitation des terres agricoles, ou de la location de celles-ci. Un nombre important de propriétés terriennes appartiennent à l'Église (Lynch, 1991, p. 13). À titre d'illustration, au IXe siècle, 31 % des terres cultivées au sud et 44 % au nord de la France, 35 % en Allemagne, et 31 % en Italie, appartiennent à des personnes ou institutions ecclésiastiques – une paroisse, un monastère, un évêque, un abbé, etc. (Herlihy, 1961, p. 86). Bien que cette richesse foncière, en partie cédée par les rois ou les grands seigneurs, ait triplé entre 751 à 825, passant de 10 % à plus de 30 % des terres cultivées (Herlihy, 1961, p. 87), elle rapportait relativement peu de revenus aux Églises locales en raison d'une faible productivité agricole et de coûts de récolte, de transport et de stockage élevés. Aussi, les contributions volontaires des fidèles (dons et offrandes) constituaient-elles une source de financement complémentaire pour l'Église durant le haut Moyen Âge.

En contrepartie de ces contributions, les sacrements et les services religieux devaient être délivrés gratuitement. Ainsi, les conciles ecclésiastiques, les statuts épiscopaux et les décrets royaux interdisaient fréquemment d'exiger un quelconque paiement en rétribution de services religieux rendus, tels que les ordinations sacerdotales, les baptêmes, les bénédictions, ou encore les mariages (Lynch, 1991, p. 13). Le concile de Chalcédoine en 451, par exemple, proscrivait clairement la « simonie », soit l'achat et la vente de biens spirituels ou de charges ecclésiastiques, et préconisait l'exclusion de l'Église pour ceux qui la pratiquaient.

> *Si un évêque faisait une ordination pour de l'argent et mettait en vente la grâce invendable, et ordonnait pour de l'argent un évêque, un chorévêque, un prêtre, un diacre ou quelqu'un de ceux qui sont comptés parmi le clergé, ou nommait pour de l'argent un économe, un avoué, un administrateur ou en général quelqu'un de la liste officielle, poussé par sa propre et honteuse cupidité, que celui qui entreprend une telle chose s'expose, si le fait est prouvé, à perdre son propre rang.*
>
> [Alberigo, 1994a, p. 201-203]

La simonie a été d'ailleurs au centre de toutes les attentions lors de la réforme de l'Église aux XIe et XIIIe siècles, comme l'attestent, par exemple, les normes contre les échanges simoniaques établies par Gratien (vers 1140 ou 1150), les prescriptions de la législation d'Alexandre III (1159-1181), ou du concile de Latran IV (1215). Ce dernier condamne les clercs qui « exigent et extorquent de l'argent pour les funérailles des morts, pour la bénédiction des époux et pour d'autres choses semblables » (Alberigo, 1994a, p. 569).

Bien que l'Église s'opposât au commerce des biens spirituels et à la vente des sacrements, les clergés devaient cependant vivre de l'autel. Il était attendu des fidèles qu'ils soutiennent financièrement aussi bien leur Église locale que leurs ecclésiastiques, au moyen de dons. En Angleterre, par exemple, ont été mises en place des cotisations, à intervalles réguliers, pendant la saison agricole, pour financer les Églises (Lynch, 1991, p. 13). Le paiement volontaire de la dîme, encouragé depuis le IVe siècle par les Pères de l'Église, entre également dans le cadre de ces contributions.

La dîme demeure, jusqu'au VIIIe siècle, une offrande, dont l'acquittement reste spontané et laissé à la libre appréciation des fidèles (Devroey, 2010, p. 37) et (Lauwers, 2012, p. 23). Les autorités religieuses romaines, à l'instar du concile de Tour II en 567, ne cesseront d'appeler les fidèles à payer la dîme associée à l'aumône, pour venir en aide aux pauvres. Les prescriptions faites par ce concile en témoignent :

Et bien qu'il ait été dit plus haut qu'il fallait offrir la dîme à l'exemple d'Abraham, nous vous exhortons cependant en raison de la calamité qui menace, à ce que personne ne refuse de payer la dîme même sur ses esclaves, puisqu'on dit que dans cette épidémie les personnes seront soumises à une sorte de partage, comme si elle en prenait neuf pour laisser la dixième.

[Gaudemet et Basdevant, 1989, p. 397]

Cependant, en raison de son caractère basé sur le volontariat, peu de fidèles se montraient enclins à payer la dîme. Dès 585, le concile de Mâcon II s'en inquiète :

Mais à présent, peu à peu, presque tous les chrétiens se montrent des violateurs des lois, en négligeant d'accomplir ce qui a été fixé par Dieu. Aussi nous statuons et décrétons que l'usage ancien soit remis en honneur par les fidèles, et que tout le peuple verse les dîmes à ceux qui s'acquittent du culte de l'Église.

[Gaudemet et Basdevant, 1989, p. 463]

En constatant que les chrétiens s'écartent de la loi de Dieu et n'apportent plus les offrandes aux autels sacrés (Lauwers, 2012, p. 24), le concile de Mâcon II rend le paiement de la dîme obligatoire, et instaure l'excommunication comme sanction en cas de non-paiement : « si quelqu'un se montre rebelle à nos très salutaires dispositions, qu'il soit en tout temps retranché des membres de l'Église » (Gaudemet et Basdevant, 1989, p. 463).

L'époque carolingienne (750-900) marque un tournant décisif dans le mode de financement de l'Église : la dîme ecclésiastique devient une contribution obligatoire imposée par le droit public. L'obligation de la verser est officiellement décrétée à la fin du règne de Pépin III en 756, puis réaffirmée par Charlemagne dans son capitulaire Herstal de 779, puis au synode de Francfort en 794 (Devroey, 2012, p. 90).

Au-delà des décisions de l'assemblée de Herstal ou de Francfort, l'obligation de verser la dîme s'inscrit dans le contexte des mesures économiques et spirituelles prises en réaction aux grandes famines de 779 et de 792-793 (Devroey, 2012, p. 91). La trame idéologique qui sous-tend l'obligation de la dîme est bâtie sur l'idée d'un échange : rendre au Créateur les bienfaits qu'Il prodigue aux hommes et rembourser ainsi la dette préalable qu'ils ont à son égard. Il convient de payer la dîme qui, en contrepartie, doit notamment favoriser le retour des récoltes abondantes et donc de la sécurité alimentaire, et éloigner le royaume des difficultés.

À partir de cette transformation par l'autorité politique de la dîme ecclésiastique en une contribution obligatoire, confirmée au concile de Chalon-sur-Saône en 813 (Rubellin, 1991, p. 28), l'Église passe d'une philosophie du don volontaire à une économie du prélèvement obligatoire (Simonnot, 2008, p. 173). La dîme devient alors la première source potentielle de revenus, venant s'ajouter aux droits ecclésiastiques traditionnels à caractère liturgique (Devroey, 2010, p. 39-40).

En plus des prémices, considérées par la législation de Moïse, comme les premiers fruits du travail offerts à Dieu pour ses bienfaits au début de la récolte, la dîme est désormais prélevée à la fin de celle-ci. Elle est prélevée partout dans la chrétienté occidentale. Les Églises de Saxe l'exigent dès le IXe siècle (Lynch, 1991, p. 14) ; les Églises de l'Angleterre anglo-saxonne et de l'Italie normande aux Xe et XIe siècles respectivement.

> *La dîme est levée pour le culte de la divinité et l'entretien de ceux qui la représentent ou la servent. La loi mosaïque instaure quatre attributions de la dîme : elle revient aux Lévites consacrés au service du tabernacle car c'est leur unique moyen de subsistance ; les Lévites prélèvent la dîme de la dîme pour le grand-prêtre et les autres prêtres ; une dîme doit être utilisée dans la ville pour financer un festin ; enfin il existe la dîme des pauvres payable par tous, y compris par les Lévites.*
>
> [Scordia, 2005, p. 64]

La dîme, impôt prélevé par l'Église, est censée être la contrepartie des services religieux et sociaux de « ceux qui servent l'autel » (Devroey, 2010, p. 39). Par leur caractère institutionnel, ces offrandes (obligatoires) sont destinées à couvrir les frais supportés par l'Église en vue d'assurer au mieux son rôle structurant au sein de la société. L'Église est, en effet, considérée à l'époque comme garante de l'ordre social, qu'elle peut imposer par le biais de la morale (Weingast, 2016, p. 14).

En ce sens, la dîme s'ajoutait aux obligations, qui couvraient notamment le paiement du clergé, l'entretien des lieux du culte, et jouait un rôle au niveau de la communauté locale. Selon les canonistes, la dîme appartient au Créateur lui-même, et en son nom, l'Église l'administre seule dans l'intérêt de la *Societas Christiana* (Arnoux, 2010, p. 151).

Toutefois, une telle levée de l'impôt n'était pas acceptée par tous les hommes d'Église :

> *Une des caractéristiques communes aux mouvements érémitiques et monastiques des XIe-XIIe siècles, mouvements qui débouchent pour la plupart sur ce que l'on a coutume de designer comme « nouveau monarchisme » consistait en effet à refuser de posséder et de percevoir les dîmes sur le travail d'autrui.*
>
> [Caby, 2012, p. 376]

Certains moines, notamment les cisterciens, s'opposaient à la perception de la dîme à cause de leur idéal du retrait du monde et de pauvreté (Caby, 2012, p. 378). Pour eux, il fallait se conformer à un mode de vie austère, fondé sur le travail manuel. Les moines et les ordres mendiants vivaient, en grande partie, du fruit de leur travail manuel et des aumônes spontanées. Aussi, ils ne pouvaient demander l'aumône que lorsque les ressources de leur communauté étaient insuffisantes. Dès lors, pour les ordres mendiants, le don de la quête constituait une alternative à une économie fondée sur les rentes seigneuriales et sur la dîme (Henryot, 2007, p. 3).

1.2. L'économie du « Salut »

De la même manière que payer la dîme permettait de financer la communauté paroissiale, la quête se justifiait également en ce qu'elle revêtait – de prime abord – un caractère moins vénal que la simonie : les religieux offraient des services apostoliques et spirituels (messes de funérailles, confessions, prières d'intercession, etc.) aux fidèles et recevaient, en contrepartie, des dons effectués par ces derniers.

L'utilité qui découle de ces échanges entre le clergé et les laïcs reste au cœur du débat sur la quête jusqu'à la fin du XVIIIe siècle (Henryot, 2007). Sous l'action généreuse du don apparait, selon Pierre Bourdieu, « une série d'échanges » (Bourdieu, 1997, p. 231). L'acte du don n'était pas un *something for nothing*[36] mais bien un « donnant-donnant » (Viallet, 2012, p. 266). Il englobe à la fois l'intérêt du donateur et l'obligation des religieux. L'intérêt du donateur s'inscrit dans la recherche du salut et suppose que le bénéficiaire du don puisse constituer un intercesseur crédible (Viallet, 2012, p. 265). La réciprocité des dons est centrée sur cette intercession des religieux : une économie du sacré, fondée sur la conversion des biens terrestres en biens spirituels. Les donations constituent alors la juste rétribution, par les fidèles, de la prière salvatrice des religieux en faveur des vivants et des morts (Caby, 2012, p. 374).

Les dons reçus par les moines lors des processions de reliques illustrent bien cette réalité « d'échange marchand » entre biens matériels et biens spirituels. Durant le haut Moyen Âge, les moines et les chanoines recourent spontanément à la générosité des fidèles en organisant des tournées dans leur voisinage, mais aussi dans des pays plus éloignés, durant lesquelles ils encouragent les dons, parfois en exhibant des reliques (Héliot, 1963, p. 90). Ces quêtes itinérantes, instaurées depuis 1050, loin de se limiter à la France, se propagent rapidement à l'ensemble de l'Europe catholique, notamment en Allemagne, aux Pays-Bas, en Angleterre et en Espagne (Héliot, 1963, p. 90-91).

Donnons-en quelques exemples empruntés à Musset (1987, p. 98). Entre 1075 et 1095, à Saint-Riquier, l'abbé Gervin étant dans l'incapacité de reconstruire la basilique

---

[36] Expression d'Alvin Goüldner, citée par Viallet (2012, p. 266).

adjacente de l'église Saint-Sauveur, tombée en ruine suite à l'effondrement de sa tour, organise une exposition des reliques du saint patron du monastère. Il reçoit ainsi les promesses de dons de la part des fidèles, notamment du comte Gui Pontieu, afin de reconstruire un édifice plus beau encore. À Evesham, entre 1077 et 1086, l'abbé Gautier, animé par l'esprit de la nouveauté, fait démolir l'ancienne église, considérée comme l'une des plus belles d'Angleterre. Par manque d'argent pour la reconstruire, il missionne deux moines, à qui il remet les reliques de Saint Egwin (l'évêque fondateur du VIIIe siècle), et les envoie en tournée à travers l'Angleterre pour récolter les fonds nécessaires à la reconstruction de l'édifice.

Très souvent, les reliques permettent aux moines de monnayer l'obtention de grâces, les promesses d'une guérison d'une maladie de corps ou d'esprit, qu'elles prodigueraient en « leur double qualité de thaumaturges et d'intercesseurs émérites auprès du Seigneur » (Heliot, 1963, p. 90). À partir du Xe siècle, les rachats de pénitences font leur apparition lors de ces quêtes itinérantes, alors que la pénitence traditionnelle perd progressivement toute efficacité, entre les VIIe et XIIe siècles, du fait de son caractère irréversible et non réitérable, mais également de l'obsolescence d'une partie des interdits (touchant notamment aux relations conjugales, au commerce, ou aux droits de succession). La pénitence tarifée vient ainsi combler ce vide (Chélini, 1991, p. 433).

La plupart des pénitences tarifées consistent en une période de jeûne (pouvant aller jusqu'à une quinzaine d'années), proportionnelle au péché commis[37]. Quand les fautes sont trop nombreuses – et le jeûne trop long – il est possible de donner de l'argent aux pauvres, à l'Église ou au

---

[37] Les manuels de confessions en fixent le nombre de jours, voir annexe 1.

prêtre, afin de racheter les périodes correspondantes. Ainsi en va-t-il des aumônes, ou des honoraires de messe[38]. Dans le pénitentiel de (pseudo) Théodore du VIIIe siècle, par exemple, l'équivalent d'un an de jeûne était facturé « 300 sous »[39], contre 2 à 4 deniers d'aumônes pour deux jours de jeûne[40].

Les codes pénitentiels donnent des instructions précises quant aux sommes nécessaires au rachat des périodes de jeûne (Ekelund *et al.*, 1996, p. 66). Ces « rédemptions », comme on les appelle, préfigurent le mouvement des indulgences qui, à partir du Xe siècle, permet de commuer des peines sévères en pénitences purement monétaires. La pratique de la « vente » des indulgences va persister jusqu'au XVIe siècle[41].

---

[38] Les honoraires de messe sont des sommes versées à l'occasion d'un office par toute personne souhaitant que l'intention qui la préoccupe soit prononcée au cours du prêche (de Bremond d'Ars, 2006, p. 74).

[39] La livre carolingienne, issue de la livre romaine en usage jusqu'en 794, est subdivisée de façon à pouvoir y tailler 240 deniers ou 20 sous de 12 deniers chacun. Ainsi le système de compte monétaire était construit : 1 £ (livre)= 20 s (sous) = 240 d (deniers) ; avec 1 sou = 12 deniers. Ce système comptable carolingien qui établit la division de la livre en 240 deniers ou 20 sous durera jusqu'à la Révolution française. Voir, à ce sujet, Ancelet-Netter (2010), p. 99.

[40] Cf. Annexe 2 pour un panorama plus exhaustif.

[41] La construction de la basilique Saint-Pierre à Rome, dont la première pierre a été posée le 18 avril 1506 par le Pape Jules II (1503-1513), nécessite d'énormes dépenses. Pour financer les travaux, l'Église a recours aux indulgences. Le Pape Léon X (1513-1521) promulgue, le 31 mars 1515, une indulgence en faveur de ceux qui verseraient des aumônes pour l'achèvement dudit édifice. La campagne en faveur de ces indulgences est confiée pour une partie de l'Allemagne à Albert de Brandebourg, archevêque de Magdebourg et de Mayence. Le dominicain Johann Tetzel est chargé en 1516-1517 de vendre ces indulgences au nom d'Albert de Brandebourg, intéressé à la vente par une commission de 50 %, promise par la Curie romaine. On lui attribue

La théologie du purgatoire – doctrine propre à l'Église catholique – a non seulement permis de faire prévaloir la dévotion pour la prière des défunts, mais a aussi introduit une possibilité de rétribution financière pour les célébrations de messes au bénéfice des âmes pénitentes. En reportant à l'au-delà l'expiation des péchés terrestres, la croyance dans le purgatoire offre aux proches des défunts l'opportunité d'en racheter les erreurs, et à l'Église, la possibilité d'en tirer profit (Ekelund *et al.*, 1996, p. 155). C'est ainsi qu'aux XIIIe et XIVe siècles, les messes privées des ordres mendiants, célébrées sans la présence des fidèles et tarifées à l'unité, sont considérées comme le moyen le plus efficace d'obtenir la protection des hommes d'Église, d'écourter le séjour au purgatoire, et d'assurer ainsi le repos des âmes.

> *Ces transferts liés aux rites funéraires en effet, à l'inverse de ceux permis par la quête, semblent avoir le plus souvent des destinations précises, fixées à l'avance, et soutenir des intérêts particuliers. Ils ont presque toujours aussi des contreparties bien définies, non pas simplement attendues et laissées à l'appréciation du bénéficiaire mais littéralement exigibles, lorsqu'ils prévoient par exemple un usage réglé de l'espace conventuel pour abriter une tombe ou bien des services liturgiques multiples et quasiment tarifiés [...]. Ils semblent même, dans certains cas, participer d'une sorte de commerce, puisqu'ils mentionnent des prix d'achat, de vente, d'usage et qu'ils évaluent des services.*
>
> [Bériou et Chiffoleau, 2009, p. 737]

---

alors le slogan : « Sobald das Geld im Kasten klingt, Die Seel'aus dem Fegfeuer springt » (aussitôt que l'argent tinte dans la caisse, l'âme s'envole du purgatoire).

Si, au XIVᵉ siècle, certains moines, notamment les chanoines, bénéficient principalement de revenus fonciers, les ordres mendiants, dépourvus de patrimoine immobilier conséquent, tiraient l'essentiel de leurs revenus des messes tarifées, qui venaient compléter les contributions des fidèles, souvent insuffisantes (Bériou et Chiffoleau, 2009, p. 721). C'est ainsi que s'est développée, à partir du XIVᵉ siècle, l'économie du salut, conférant à la messe une « valeur monétaire » (Viallet, 2012, p. 265).

Pour le clergé de la fin du XVᵉ siècle, la tarification à l'unité des actes spirituels débouche sur un système « d'aumône perpétuelle », dans lequel les donateurs mettent à la disposition des religieux, et sans limite de temps, des biens ou des contrats susceptibles de produire une rente annuelle. Les célébrations de messes anniversaires en l'honneur des défunts entrent dans cette catégorie. Aux XIVᵉ et XVᵉ siècles, les franciscains d'Avignon vivaient principalement de ce type de célébrations, qui représentaient, en moyenne, 50 % à 60 % de leurs revenus (Bériou et Chiffoleau, 2009, p. 731).

Les pratiques, notamment les messes tarifées, la vente des indulgences et la monétisation de la théologie du purgatoire trouvent un écho favorable auprès de fidèles en quête d'un salut, disponible à peu de peine (mais parfois à grands frais). Ces fidèles cherchaient, auprès de l'Église, réconfort dans la vie présente ou face à la mort. En retour, ils participaient aux célébrations, apportaient des offrandes et payaient la dîme. Les revenus provenant des échanges entre les fidèles et le clergé permettaient à leur tour de financer la Papauté.

1.3. L'organisation et la gestion financières au sein de l'Église médiévale

Au Moyen Âge, la perception pontificale s'exerçait sur une catégorie de biens spécifiques – les temporels ecclésiastiques – c'est-à-dire les revenus tirés d'un bénéfice ecclésiastique. Ainsi, les ecclésiastiques payaient pour le compte de la Papauté, des taxes en fonction de leurs bénéfices et de leurs revenus. Ces derniers provenaient de la perception de la dîme, de dons volontaires des fidèles, de la vente des indulgences et d'autres services religieux, ainsi que de la production agricole.

Les revenus fiscaux de la Papauté sur les bénéfices ecclésiastiques étaient centralisés, depuis le XIe siècle, par la Chambre apostolique (*Camera apostolica*) qui contrôlait des circonscriptions financières (*collectories*[42]), et avait pour mission de « veiller à la rentrée d'argent et de contrôler son emploi » (Samaran et Mollat, 1905, p. 1). À sa tête, se trouvaient deux hauts fonctionnaires, le *camérier* (un évêque ou un archevêque) et *le trésorier* (un évêque), nommés par le Pape. Le *trésorier* avait l'administration de la caisse et du trésor de l'Église romaine, alors que le

[42] La circonscription financière correspondait à une entité territoriale de la chrétienté où les recettes des taxes étaient centralisées, pour ensuite être envoyées à la Chambre apostolique. Une circonscription financière correspondait rarement à une province ecclésiastique (par exemple, la province ecclésiastique de Paris comprend aujourd'hui 8 diocèses : Paris, Versailles, Évry, Saint-Denis, Pontoise, Créteil, Maux et Nanterre), mais englobait plutôt une ou deux provinces ecclésiastiques. Il arrivait aussi qu'une circonscription chevauche deux provinces ecclésiastiques. En 1353, on comptait 31 circonscriptions en Europe dont : 15 en France, 6 en Europe centrale et septentrionale, 4 en Italie, 4 dans la péninsule Ibérique, 2 dans les Îles britanniques ; et 1 à Chypre pour l'Orient latin (Genequand, 2018, p. 4).

camérier pouvait être considéré comme un véritable ministre des finances pontificales.

En l'absence du Pape, le *camérier* devenait son vicaire général, et comme tel il pouvait exercer son office en dehors de la cour romaine. À ce titre, il contrôlait tous les fonctionnaires – les clercs de la chambre, les scribes, les notaires, les avocates et les employés de tout ordre – de la Chambre apostolique, les fonctionnaires qui résidaient au siège de la Chambre et ceux qui travaillaient dans des diverses circonscriptions financières. Ainsi nommait-il les envoyés et les fonctionnaires ou collecteurs, chargés de lever les taxes dans les lieux d'imposition des contribuables (Samaran et Mollat, 1905, p. 3).

Avec un bureau central et à son service les employés présents dans les divers lieux de la chrétienté, la Chambre apostolique maintenait un réseau fiscal élaboré, transitant par les collecteurs locaux et régionaux, des sous-circonscriptions à la Papauté.

L'organisation fiscale de l'Église du Moyen Âge

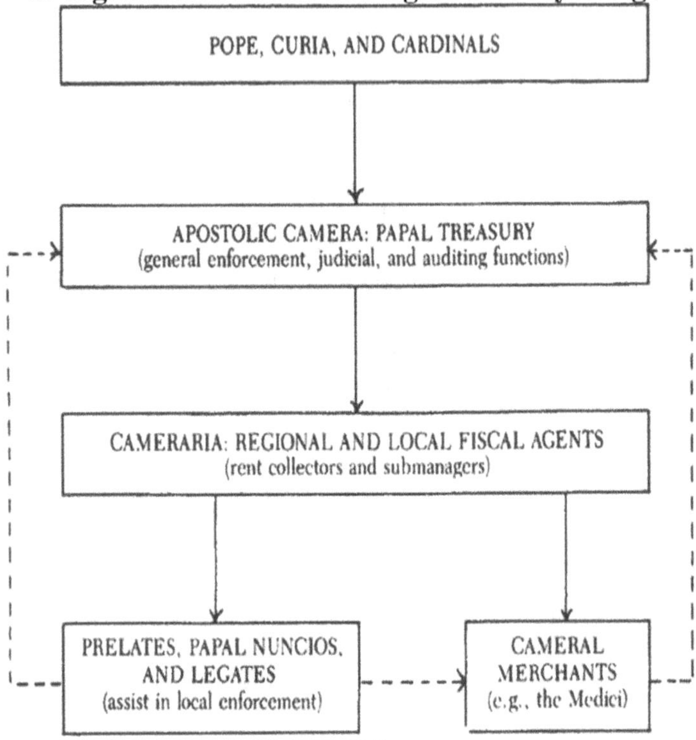

Source : Ekelund *et al.* (1989, p. 318)

Ce réseau fiscal s'organisait autour d'un système complexe et élaboré de prélèvements et de distribution des ressources financières, dirigé par le Pape, dont le rôle financier s'apparenterait – toutes proportions gardées – à celui exercé, de nos jours, par le président d'un conseil d'administration. Le Pape jouait ce rôle, non seulement par la surveillance qu'il exerçait sur les comportements du clergé attaché aux divisions opérationnelles (système de franchises), mais également par la collation des bénéfices au profit de la trésorerie pontificale (Anderson, 1988).

Dans la majeure partie de l'Europe, et depuis la fin des querelles des investitures[43] (XIe -XIIe siècles), le Pape se réservait la collation de la presque totalité des bénéfices consistoriaux, provenant des activités des évêchés ou des grandes abbayes. Sous divers prétextes et par diverses manœuvres, il s'attribuait aussi la collation de la plus grande partie des bénéfices mineurs issus des diocèses, et ne laissait aux évêques que le minimum nécessaire à la préservation d'une autorité décente sur leur clergé diocésain. Chaque nouvelle collation faisait l'objet d'une taxe, rendue possible par le pouvoir incontesté du Pape à nommer et révoquer ses clercs, à en contrôler les attributions, exigeant d'eux la collecte des bénéfices et une participation active aux finances de la Papauté.

De manière assez courante, les ecclésiastiques achetaient leur légitimité et la possibilité de jouir de leurs bénéfices en payant une taxe dès leur nomination (Genequand, 2018, p. 2-3). Au XIVe siècle, par exemple, suite à l'attribution de bénéfices mineurs, les bénéficiers étaient invités à verser à la Chambre apostolique des *annates*, correspondant aux revenus tirés de la première année d'un bénéfice (Samaran et Mollat, 1905, p. 23). D'abord établies au profit des évêques, puis au profit de la trésorerie pontificale (à partir de Clément V en 1306), les *annates* ne représentaient pas le revenu brut annuel, sinon sa part imposable, c'est-à-dire le revenant-bon, après déduction des charges telles que celles liées à la subsistance du bénéficier.

Suppléant les *annates*, les *Services communs* étaient imposés aux bénéfices majeurs, c'est-à-dire aux évêques et aux abbés, à l'occasion de leur nouvelle collation. La taxe pour les *Services communs* était uniforme et fixée au tiers des revenus bruts de l'année. Alors que les *annates* étaient levées par les collecteurs, les *Services communs* devaient

---

[43] Conflit qui opposa la Papauté et l'Empire romain germanique au sujet des investitures des évêques et des abbés.

être acquittés par les prélats eux-mêmes auprès de la trésorerie pontificale, afin de recevoir la quittance ou la facture témoignant du respect des obligations du prélat vis-à-vis de la Chambre pontificale. Ces revenus étaient partagés équitablement entre la trésorerie pontificale et le Collège cardinalice. Les cardinaux trouvaient donc un intérêt financier immédiat à pourvoir les bénéfices majeurs (Genequand, 2018, p. 9). Des échéances étaient fixées aux prélats pour s'acquitter de leurs *Services communs*[44].

Les *visitatio ad limina apostolorum*[45] étaient souvent l'occasion pour les évêques d'acquitter les *Services communs*. À l'occasion de cette visite, en sus du droit de *pallium* (taxe versée par les métropolitains pour l'obtention de l'habit ornemental du même nom), les évêques payaient également à la Chambre apostolique les redevances, dont le montant était négocié entre l'évêque et la Chambre apostolique en fonction de la richesse du diocèse. Ces redevances étaient considérées comme la contrepartie de leur pèlerinage et des grâces qu'ils avaient reçues aux tombeaux des saints apôtres ; elles étaient réparties entre le Collège des cardinaux et le Pape.

Les visites *ad limina* sont l'expression de la communion ecclésiale, de l'ensemble des évêques avec l'évêque de Rome, le Pape. Les prélats lui présentaient le rapport de leurs activités diocésaines, et discutaient avec lui de la discipline ecclésiastique, de la vie pastorale et, plus généralement, de la situation de l'Église.

---

[44] Par exemple, l'archevêque d'Athènes était tenu par la Chambre apostolique de payer les *Services communs* le jour de Pâques 1389 au plus tard (Favier, 1966, p. 344).

[45] La visite dite *ad limina apostolorum* (au seuil des apôtres) est effectuée, tous les cinq ans, par les évêques, qui se déplacent à Rome pour effectuer un pèlerinage aux tombeaux des apôtres Pierre et Paul, présenter le rapport des Églises particulières et renforcer le lien avec le Pape.

En tant que chef exécutif, le Pape contrôlait ainsi les fonctions du clergé et la doctrine de l'Église, sans être nécessairement présent dans tous les lieux de la chrétienté. Les évêques et leurs délégués surveillaient, en son nom, les activités de l'Église, et le tenaient informé lors des visites pastorales, qui constituaient également une source de revenus pour la trésorerie pontificale. Au Moyen Âge, chaque visite pastorale avait sa contrepartie, appelée la *procuration.* À l'origine, elle désignait le tribut alimentaire accordé, par hospitalité, aux évêques ou à leurs délégués, à l'occasion de leurs visites dans les diocèses, par les curés. D'abord simple subside en nature, la *procuration* était devenue au fil du temps une redevance pécuniaire. Bien que les Papes Innocent IV (1243-1254) et Grégoire X (1268-1271) s'opposèrent à une telle dérive, elle sera finalement rétablie par le Pape Boniface VIII (1294-1303), sans fixer « le minimum exigible par le prélat en échange de sa visite » (Genequand, 2018, p. 7).

Cette pratique conduisait naturellement à des abus. Les évêques pouvaient lever des *procurations* sans visite aucune, ou encore, exiger des curés des montants anormalement élevés. C'est pourquoi le Pape Clément V (1305-1314) demanda aux évêques de se contenter, dans les périodes difficiles (notamment en temps de guerre), de *procurations* modérées (Samaran et Mollat, 1905, p. 34). Par la suite, le Pape Benoît XII (1334-1342) fixa un montant minimum. Dès lors « tous les curés payaient la même somme à l'évêque, la même somme à l'archidiacre, sans considération de la valeur de la cure » (Favier, 1964, p. 104). À l'approche de la visite de l'évêque, le clergé était souvent contraint de multiplier les échanges de biens spirituels contre des biens matériels, sinon de s'endetter auprès de banquiers, afin de pouvoir honorer ses obligations. Avec la multiplication des visites pastorales, la *procuration* est devenue une charge de plus en plus lourde pour les curés, assimilable à un impôt.

Au regard de son rendement élevé, certains Papes songèrent à s'arroger la *procuration* au détriment des évêques, réduits à l'état de simples percepteurs pour le compte de la Papauté. Avant que le Pape avignonnais Urbain V (1362-1370) n'eût rendu obligatoires les *procurations* au bénéfice de la Trésorerie pontificale, il n'était d'ailleurs pas rare, depuis Boniface VIII (1294-1303), que le Pape ne désigne des collecteurs spéciaux chargés de les prélever pour le compte de la Chambre apostolique. Ce fut notamment le cas avec Jean XXII (1316-1334).

Ayant l'intention, dit le Pape, de disposer de l'argent provenant des procurations de la façon que nous jugerons utile au salut dudit archevêque, nous vous envoyons l'ordre (il s'adresse à l'archiprêtre de Capdrot au diocèse de Sarlat) de demander, d'exiger et de recevoir, en notre nom et en celui de l'Église romaine, par vous-même ou par une ou plusieurs autres personnes, les procurations qui restent à recueillir dans la cité et le diocèse de Limoges, vous concédant pour cela les pleins pouvoirs, et vous laissant la faculté de frapper les rebelles des censures ecclésiastiques et de passer outre à leurs appels[46].

On le voit, ce qui sous-tendait les *procurations* pontificales était moins un objectif pastoral qu'une visite de recouvrement financier. La preuve en est que ceux qui ne les versaient pas étaient frappés, comme dans n'importe quel système fiscal laïc, par des sanctions (en l'espèce, d'origine ecclésiastique). Ces *procurations* ont fini par être levées par les seuls collecteurs de la Chambre apostolique. Lorsque « un prélat ou un archidiacre était, pour un temps, autorisé par le Pape à effectuer ses visites en jouissant de ses *procurations*, il ne recevait parfois son dû que du

---

[46] Bulle du 5 janvier 1319, cité par Samaran et Mollat (1905, p. 35-36).

collecteur » (Favier, 1966, p. 218). Même dans le cas où le prélat avait lui-même levé la *procuration*, dès lors que le Pape s'en était réservé une part, il lui était demandé de la reverser au collecteur et devait composer avec celui-ci pour la perception de son dû.

Cependant, *procurations*, *annates* ou *Services communs* étant des taxes ponctuelles, prélevées à l'occasion d'une nouvelle collation ou d'une visite pastorale, la Papauté ne pouvait compter sur ces revenus pour établir un budget prévisionnel définitif. En outre, les recettes perçues étaient largement insuffisantes pour couvrir la multiplication des dépenses nouvelles amenées par les guerres de religions et les croisades. Pour libérer Jérusalem et faire face à l'islam, principale menace au monopole religieux de l'Église, la Papauté imposa, dès le début du XIIIe siècle, à tous les ecclésiastiques (à l'exception des cardinaux et de l'ordre hospitalier de Saint-Jean de Jérusalem), la *décime*, un véritable impôt proportionnel sur les bénéfices, au profit de ceux qui partaient en guerre. Outil politique, dont les revenus découlaient aussi du pouvoir de collation du pontife, la *décime* était levée régulièrement, et ses recettes partagées entre le Pape et les souverains qui s'alliaient à l'Église pour combattre l'islam et organiser des expéditions en direction de la Terre sainte.

Pour donner un fondement solide à la *décime,* les agents spéciaux de la Chambre apostolique parcouraient, en amont, tout le monde chrétien pour établir « le relevé complet des bénéfices ecclésiastiques, [...] indiquer aussi exactement que possible l'importance du revenu de chacun, ses charges et la part de contribution dont il était susceptible d'être grevé » (Samaran et Mollat, 1905, p. 12-13). Les revenus et les charges étant relevés, la Chambre pontificale connaissait plus au moins les montants à prélever sur les bénéfices ecclésiastiques. La *décime* représentait le dixième des revenus de chaque bénéfice, après déduction de toutes les charges y afférentes, telles que l'entretien des bâtiments et du titulaire du bénéfice. Elle était prélevée sur la richesse créée par les titulaires des bénéfices, grâce à leurs échanges avec les laïcs. En ce sens, la richesse de l'Église provenant de l'exploitation des bénéfices, se partageait entre le clergé et la Papauté, via son organisation financière et la levée des taxes[47].

Cette organisation fiscale et les échanges omniprésents dans l'Église du Moyen Âge vont faire dire à Adam Smith que :

> *Le clergé de toute Église établie constitue une immense corporation ; les membres de cette corporation peuvent agir de concert et suivre leurs intérêts sur un même plan et avec un même esprit, autant que s'ils étaient sous la direction d'un seul homme, et très souvent aussi y sont-ils.* [...] *Dans toutes les Églises chrétiennes, les bénéfices ecclésiastiques sont des espèces de franches tenures dont le titulaire a la jouissance, non pas à simple volonté, mais pendant toute sa vie et tant qu'il se comporte bien.*
>
> [Smith [1776] 1991, p. 423-425]

Ce constat va constituer l'un des points de départ de sa réflexion sur la sphère religieuse.

2. L'analyse des pratiques religieuses chez Adam Smith

Adam Smith, dans son ouvrage la *Richesse des Nations* (Smith [1776] 1991), développe les principaux éléments de son analyse de la religion, en appliquant à la compréhension

47 Cf. Annexe 3 pour un panorama plus exhaustif des taxes pontificales.

du fait religieux les mêmes principes économiques que ceux qu'il mobilise pour décrire les échanges au sein de la sphère économique. Adam Smith cherche tout d'abord à expliquer les incitations de nature économique, procurées aux individus par l'environnement religieux. En s'intéressant aux aspects matériels et organisationnels de la sphère religieuse, Adam Smith cherche à mettre en évidence les motivations économiques sous-jacentes aux pratiques religieuses.

Il propose une explication basée sur sa théorie de la valeur du capital humain, valeur liée à la réputation d'un individu, qui lui permet de présenter les offreurs et les demandeurs de religion comme des agents économiques cherchant à maximiser respectivement leurs revenus et leurs utilités. Ce faisant, Adam Smith étend ses préceptes de liberté économique et de libre concurrence à la foi et aux pratiques religieuses.

2.1. Incitations économiques et activités religieuses

Dans la *Richesse des Nations*, Adam Smith s'intéresse aux incitations de nature économique que procurent les activités religieuses aux individus, et les relie à sa théorie de la valeur du capital humain, largement tributaire de la réputation que chacun d'eux entretient auprès de sa communauté.

Il procède, comme souvent, par analogie, en étudiant les phénomènes de réputation dans un cadre distinct de celui de la croyance : l'instruction. Il explique ainsi que les enseignants feront plus d'effort pour maintenir leur réputation si leur salaire est en fonction de leur aptitude professionnelle (Smith [1776] 1991, p. 386). La réputation revêt ici une grande importance puisqu'elle définit l'attachement et la reconnaissance de l'élève à l'enseignant, contraignant ce dernier à apporter le plus grand soin aux enseignements qu'il dispense.

De manière analogue, les prédicateurs seraient incités à mieux remplir leurs tâches si, selon lui, leurs salaires étaient basés sur la qualité de leurs enseignements. C'est sur cette idée que repose la réflexion d'Adam Smith sur la rémunération des ecclésiastiques.

> *Le clergé des paroisses ressemble à ces maîtres dont la récompense dépend en partie de leur traitement et en partie des honoraires ou rétributions qu'ils retirent de leurs élèves ; or, celles-ci dépendent toujours nécessairement, plus ou moins, de l'activité ou de la réputation du maître.*
>
> [Smith [1776] 1991, p. 414-415]

Du point de vue de l'efficacité économique, ou encore du bien commun, le mieux serait, selon Adam Smith, que la rémunération soit assurée par les élèves ou les fidèles, en fonction de la qualité des enseignements. De là, il explique que le mécanisme assurant l'harmonie des intérêts transite par la réputation. Cependant, sa pensée reste relativement prisonnière de la morale.

Les ecclésiastiques, écrit-il, en éduquant les hommes et en les préparant à une vie meilleure dans la vie future, peuvent dépendre « entièrement pour leur subsistance, des contributions volontaires de leurs auditeurs, ou bien ils peuvent la tirer de quelques autres fonds auxquels la loi de leur pays leur donne droit, tels qu'une propriété foncière, une dîme ou redevance territoriale, des gages ou appointements fixes » (Smith [1776] 1991, p. 413). De ces deux sources de revenus, poursuit-il, il conviendrait de privilégier la première, plus susceptible d'encourager les efforts et les moyens déployés par le clergé pour satisfaire les fidèles, à l'origine des contributions volontaires (Smith [1776] 1991, p. 413).

L'exemple le plus pertinent est celui des ordres mendiants, notamment ceux de Saint-Dominique et de Saint-François qui, aux XIIIe et XIVe siècles, vivant en grande partie des offrandes volontaires du peuple, ont de nombreux moyens d'alimenter et d'augmenter leurs revenus à la faveur de la confession et d'autres services spirituels. Voilà pourquoi ils se doivent de ne négliger aucun des moyens qui peuvent animer la dévotion du commun du peuple (Smith [1776] 1991, p. 415).

Contrairement aux grands dignitaires de l'Église, qui n'étaient pas impliqués dans l'instruction religieuse, la dévotion, moteur de revenus, était entretenue en totalité par les moines et le clergé le plus pauvre, exerçant essentiellement dans les paroisses (Smith [1776] 1991, p. 415). Le clergé des paroisses, se sachant plus pauvre, était plus proche des fidèles et les servait au mieux, comme tout autre prestataire, parce qu'il en allait de son intérêt (Simonnot, 2008, p. 266). Ainsi, pour Adam Smith, l'intérêt personnel serait le principal facteur à même d'expliquer l'empressement des paroisses et des ordres mendiants à produire des services religieux :

> *Dans l'Église de Rome, le zèle et l'industrie du clergé inférieur sont bien plus soutenus par le puissant motif de l'intérêt personnel, que dans peut-être aucune Église protestante légalement établie.*
>
> [Smith [1776] 1991, p. 414]

Nous comprenons alors que le clergé des religions non établies, comme les ordres mendiants, non soutenus financièrement par le magistrat civil, et n'ayant d'autres ressources que celles provenant des contributions de leurs croyants, se doit d'être dévoué. Vu sous cet angle, il semble plus avantageux qu'ils soient pris en charge par les contributions volontaires de ces croyants.

> *La dépense des institutions pour l'éducation publique et pour l'instruction religieuse est pareillement sans doute une dépense qui profite à toute la société, et qui par conséquent peut bien, sans injustice, être défrayée par une contribution générale. Cependant, il serait peut-être aussi convenable, et même quelque peu plus avantageux qu'elle fût payée en entier par ceux qui profitent immédiatement de cette éducation et de cette instruction, ou par la contribution volontaire de ceux qui croient avoir besoin de l'une ou de l'autre.*
>
> [Smith [1776] 1991, p. 444]

Adam Smith poursuit donc une argumentation en tout point identique à celle employée dans le cadre de « la main invisible », en liant étroitement, dans le domaine de l'instruction tant publique que religieuse, intérêts privés et intérêt collectif (Ekelund *et al.*, 2005, p. 649).

Plaçant l'instruction religieuse au même niveau que l'instruction publique, il conclut que la seule poursuite de l'intérêt personnel par les ecclésiastiques devrait suffire à concilier des intérêts individuels potentiellement antagonistes. D'ailleurs, l'activité des ecclésiastiques, « tout comme celle des jurisconsultes et des médecins », est classée parmi ces professions dont les mécanismes de marché s'avèreraient suffisants pour voir converger l'intérêt personnel et l'intérêt collectif (Smith [1776] 1991, p. 415-416). Les religieux, dans la poursuite de leurs intérêts personnels, seraient poussés à optimiser les contributions volontaires, et se construiraient progressivement en producteurs efficaces de croyances.

Cette efficacité conduirait, toutes choses égales par ailleurs, à ce que « la marchandise [soit] dans tous les temps, à très peu de chose près, de niveau avec la demande » (Smith [1776] 1991, p. 415).

Selon Adam Smith, les religions ont également tendance à produire et à diffuser des informations concernant la morale des individus engagés dans des activités religieuses. Ces informations sont précieuses dans la mesure où elles agissent comme un signal sur les contrats susceptibles d'être noués dans la sphère économique. Elles fournissent aux co-contractants, des informations leur permettant d'évaluer les risques associés à un échange donné. Dans la mesure où les obligations morales sont perçues sur le marché comme pertinentes pour évaluer le caractère risqué des transactions potentielles, la réputation morale d'un individu est assimilée à du capital humain.

Pour Adam Smith, la fonction de surveillance endossée par les ordres religieux, à travers ses effets sur le capital humain réputationnel des membres de la communauté, s'exerce avec plus d'acuité dans les petites sectes religieuses qu'au sein de l'Église. Il souligne que ces petites sectes religieuses sont des associations volontaires, dont la principale forme de sanction adressée à leurs membres est l'exclusion. Il dépeint ces petites sectes comme des clubs, qui exigent de leurs membres l'adhésion à des règles strictes. Ces clubs fonctionnent comme des labels : ils garantissent le caractère moral élevé, la fiabilité et l'honnêteté de leurs membres, en traquant les éventuels comportements déviants de leurs membres. En adhérant à un tel club, un individu peu fortuné, sans réputation ni références établies, est en mesure de fournir des informations concernant sa fiabilité auprès des employeurs, des prêteurs ou des prestataires de services.

Ainsi, la participation des individus à des sectes religieuses, qui appliquent des règles de conduite strictes à leurs membres, est considérée comme un investissement rationnel de la part de ces individus. Dans la mesure où la perception collective du caractère moral d'un individu influence ses gains futurs, quiconque cherche à maximiser ses revenus est incité à participer à des activités religieuses et à rejoindre ce type d'organisations. En fournissant des informations précieuses et fiables concernant le niveau de risque lié aux transactions avec les membres de leur communauté, les sectes religieuses permettent une meilleure efficacité dans l'allocation des ressources entre les individus.

Cette analyse de la religion, selon laquelle le comportement religieux aide à réduire les asymétries d'information, anticipe les travaux de Max Weber [1904-1905], notamment ceux dévolus au lien qu'il identifie entre l'éthique protestante et l'esprit du capitalisme (Weber [1904-1905] 2003) :

> *L'appartenance à une secte représentait l'attestation d'une qualification éthique personnelle, tout particulièrement valable pour l'éthique en affaires [...]. L'exclusion de la secte en raison de manquements à l'éthique signifiait, en termes économiques, la perte de tout crédit et le déclassement social.*
>
> [Weber [1904-1905] 2003, p. 283-284]

2.2. Sur les bienfaits de la concurrence entre les sectes

Adam Smith indique que les sectes religieuses peuvent également imposer des niveaux excessifs et non optimaux de discipline à leurs membres, créant des comportements qui sont socialement inefficaces. Il reprend ici à son compte l'argument, déjà développé par David Hume (1762) dans son ouvrage *Histoire de l'Angleterre*, selon lequel les prédicateurs, en tant que fournisseurs de services religieux, sont fortement incités à déformer le message de la religion d'une manière qui leur serait bénéfique (Simonnot, 2008, p. 12) :

> *Cette activité intéressée du clergé est ce que tout sage législateur doit s'attacher à prévenir, parce que, dans toute religion (excepté la véritable), elle est extrêmement dangereuse, et qu'elle a même une tendance naturelle à corrompre la vraie religion en y mêlant une forte dose de superstition, de sottises et de tromperies.*
>
> [Smith [1776] 1991, p. 416]

Selon David Hume, dans la sphère religieuse non réglementée, chaque prédicateur serait incité à maximiser le nombre de ses fidèles en faisant fi de « la vérité, de la morale ou de la décence », et en faisant appel aux « passions et à la crédulité de la populace ». Il était donc nécessaire, selon lui, que l'État réglemente cette concurrence afin de protéger les « intérêts politiques de la société » (Smith [1776] 1991, p. 416). Un moyen de limiter cette compétition, pensait-il, consisterait justement à acheter l'indolence des guides spirituels en leur assignant un salaire fixe afin qu'ils ne s'adonnent pas au prosélytisme marchand, source de manipulation et de tromperie des masses (Smith [1776] 1991, p. 417).

Adam Smith s'inscrit en faux contre les propositions défendues par David Hume. Selon lui, l'État devrait laisser « jouir d'une parfaite liberté tous ceux qui, pour leur propre intérêt, voudraient essayer d'amuser et de divertir le peuple », limitant ainsi drastiquement chez celui-ci « cette humeur sombre et cette disposition à la mélancolie, qui sont toujours l'aliment de la superstition et de l'enthousiasme » (Smith [1776] 1991, p. 422-423). Le divertissement populaire étant un substitut à l'enthousiasme religieux, les marchés du divertissement et du religieux, laissés libres de fonctionner, devraient se renforcer l'un l'autre et déboucher sur des niveaux optimaux dans les deux pratiques (Anderson, 1988)[48].

En outre, une religion au service du gouvernement civil serait, selon Adam Smith, plus dangereuse qu'une multiplicité de sectes animées par la recherche de leur intérêt personnel, cette dernière ayant pour effet de limiter l'influence des unes et des autres (Zemmour et Ballet, 2016, p. 146).

> *Le zèle actif et intéressé des maîtres en fait de religion ne peut être dangereux et inquiétant que dans le cas où il n'y aurait qu'une seule secte tolérée dans la société, ou que la totalité d'une immense société serait divisée en deux ou trois grandes sectes, les maîtres dans chaque secte agissant alors de concert et sous l'influence d'une subordination et d'une discipline régulières. Mais ce zèle ne peut être de la moindre conséquence quand toute la société est partagée en deux ou trois centaines, ou peut-être en autant de milliers de petites sectes, dont aucune ne peut être assez considérable pour troubler la tranquillité publique.*
>
> [Smith [1776] 1991, p. 418]

Aussi, toute religion établie (protégée par la loi contre la concurrence d'autres sectes), quand bien même serait-elle encadrée par le magistrat civil, doit être proscrite. Souvent, la collaboration des Églises avec le pouvoir politique tend

[48] Adam Smith pensait également qu'il serait judicieux « qu'avant que [quiconque] ne soit autorisé à exercer une profession libérale, ou avant qu'il ne puisse être reçu comme candidat à un poste honorable de confiance ou de profit, l'État [n'exige] qu'il fasse preuve d'un niveau minimum d'éducation en science et en philosophie » (Smith [1776] 1991, p. 422).

d'ailleurs à renforcer les chefs des Églises établies. Celles-ci recourent souvent à la force du pouvoir politique pour éliminer d'éventuels impétrants. Adam Smith voit dans les religions établies la cause probable des guerres de religions, favorisée par l'inclinaison des autorités, tant politiques que religieuses, à s'allier. Il fait ici référence à l'Église catholique qui, dans la période précédant la Réforme, était le seul fournisseur de services religieux. Ses potentielles concurrentes étaient taxées d'hérésie et systématiquement persécutées. L'Église s'appuyait, pour ce faire, sur la puissance des magistrats civils, qui lui servaient de bras armé pour persécuter, détruire ou chasser les protestants considérés comme ses adversaires (Smith [1776] 1991, p. 414).

Déjà au XIIIe siècle, l'Église cherchait à éradiquer les sectes cathares en Italie et dans le sud de la France (Weingast, 2016, p. 12), préalablement décrites comme des patarins ou des publicains lors du concile de Latran III en 1179 (Alberigo, 1994a, p. 483).

Sur le même modèle, l'Église anglicane s'était opposée à toute dissidence, particulièrement au presbytérianisme, devenu religion d'État dans l'Écosse de la fin du XVIIe siècle, instaurant un climat de peur et d'intolérance à l'encontre des hérétiques. Le presbytérianisme était alors décrié pour son intolérance et sa piété démesurée. L'exemple le plus patent, pour ses détracteurs, résidait dans la décision d'interdire l'athéisme des déistes, promulguée par l'Assemblée de l'Église d'Écosse en 1693. Aux termes de cette loi, le jeune Thomas Aikenhead, étudiant à l'Université d'Édimbourg, avait été pendu en 1697 pour avoir mis en doute l'idée que la Bible soit écrite par Dieu (Clarke, 2007, p. 48).

Pour Adam Smith, toute Église, toute secte, qui jouit pendant plusieurs siècles de la sécurité d'un établissement légal, se montre difficilement apte à faire face aux adversaires qui attaquent sa doctrine (Smith [1776] 1991, p. 414). La solution à apporter aux dérives religieuses ou aux troubles que peuvent causer les ardeurs des prédicateurs n'est donc pas de leur assigner un salaire fixe, comme le préconise David Hume, encore moins de constituer des religions d'État, mais au contraire, de laisser les prédicateurs religieux libres de poursuivre leurs propres intérêts. Autrement dit, l'État devrait favoriser le laisser faire dans la sphère religieuse, qui consisterait à « laisse[r] tout individu libre de choisir son prêtre et sa religion » (Smith [1776] 1991, p. 418). Loin d'encourager le fanatisme et l'intolérance religieux, ce laisser-faire veillerait à ce que religions et sectes contribuent à la paix civile, au bon caractère et à la modération nécessaires à la bonne marche de l'économie (Anderson, 1988, p. 1073).

> *Les maîtres dans chaque secte, se voyant entourés de toutes parts de plus d'adversaires que d'amis, se trouveront bientôt obligés de prendre des manières franches et un esprit de modération, vertus si rares parmi les maîtres ou profès de ces grandes sectes dont la doctrine, étant soutenue par le magistrat civil, est un objet de vénération pour la presque totalité des habitants de grands et puissants empires, et qui ne voient autour d'eux, par conséquent, que des sectateurs, des disciples et humbles admirateurs.*
>
> [Smith [1776] 1991, p. 418-419]

La multiplicité des sectes dans la sphère religieuse les incite, en effet, à redéfinir leur doctrine dans le cadre d'une religion pure et raisonnable, exempte de toutes absurdités, d'impostures ou de fanatismes (Smith [1776] 1991, p. 419). Dès lors que les chefs religieux ne sont soutenus par aucun magistrat civil, ils trouvent avantage à se respecter mutuellement. En d'autres termes, dans un contexte de pluralisme religieux, chaque secte respecte les autres, en faisant des concessions susceptibles de mener à l'idéal de l'intérêt collectif, notamment la paix civile que préconise Adam Smith (Ekelund *et al.*, 2005, p. 652). Par exemple, en Pennsylvanie, où les quakers constituent la secte la plus nombreuse, une certaine modération règne parce que la loi n'en favorise aucune en particulier (Smith [1776] 1991, p. 419).

Au total, en appliquant la notion d'intérêt personnel aux activités religieuses, Adam Smith présente offreurs et demandeurs de religieux comme des individus mus par le souci exclusif de satisfaire leurs préférences, recourant aux moyens qui leur paraissent les plus adaptés. Cette rationalité inclut la caractéristique de l'égoïsme, soit la recherche de l'intérêt personnel. En d'autres termes, parce que les comportements religieux sont rationnels, ils obéissent aisément aux incitations que représentent l'intérêt personnel et les effets de réputation. En appliquant au champ religieux, apanage jusqu'alors de la philosophie morale et de la théologie, sa grille d'analyse de l'intérêt personnel, Adam Smith préfigure la théorie du choix rationnel, qui se développera au cours du XXe siècle. Il assimile le clergé à toute autre profession, et se refuse à considérer ses membres comme étrangers à la recherche de l'intérêt personnel. Les ecclésiastiques étant susceptibles de déformer le contenu spirituel de leurs messages pour répondre à leurs intérêts, il préconise d'entretenir la multiplicité de sectes dans la sphère religieuse, en ce qu'elle favorise une meilleure discipline et une meilleure qualité du message religieux.

Son analyse apparaît alors comme une contribution essentielle dans les développements futurs effectués sur la religion, progressivement établie comme objet d'étude à part entière de l'analyse économique.

3. Sur les pas d'Adam Smith : l'économie de la religion

Adam Smith a jeté les bases de l'étude de la religion en tant qu'objet économique, en faisant valoir que l'intérêt personnel motive le clergé et les fidèles, que les inefficiences entraînées par les monopoles et/ou les réglementations gouvernementales sont aussi importantes dans la sphère religieuse que dans toute autre activité laïque (Iannaccone, 1991, p. 156).

Dans le prolongement de ses travaux, la religion va être analysée, par la suite, avec les outils et les méthodes de l'analyse économique, au sein de travaux regroupés dans ce qu'il est convenu d'appeler l'économie de la religion (Iannaccone, 1998). Il est néanmoins difficile de conférer une cohérence globale à l'ensemble des approches relevant du champ, qui mobilisent des approches méthodologiques très différentes les unes des autres, tantôt théoriques, tantôt empiriques.

Certains travaux se fondent sur une lecture économique des comportements religieux à l'échelle des individus. C'est notamment le cas des travaux qui s'inscrivent dans la théorie du choix rationnel. L'individu y est considéré comme un *homo œconomicus* religieux, qui mesure les coûts et les bénéfices de son engagement. Une seconde série de travaux considère les organisations religieuses comme des firmes (au sens microéconomique du terme), qui déploient des stratégies de diffusion des biens qu'elles produisent. Enfin, certains travaux s'intéressent au marché religieux et se fondent sur l'idée que l'offre et la demande des croyances constituent les éléments clés dans la sphère religieuse[49].

---

[49] Nous nous contentons de faire référence dans cette section aux articles les plus emblématiques de cette littérature.

3.1. Comportements religieux : quelle rationalité ?

Selon les auteurs s'inscrivant dans l'économie de la religion (comme Azzi et Ehrenberg (1975) ; Iannaccone (1992, 1998) ; Montgomery (2003), Stark *et al.* (1996)), le caractère irrationnel conféré à la croyance religieuse remonte à une tradition savante du XIXe siècle, entachée de sentiments antireligieux et dépourvue de données empiriques. Cette vision prédisait le déclin inévitable de la religion au fur et à mesure de l'avènement du progrès scientifique et technologique. En outre, elle considérait que l'adhésion des fidèles à la religion était la conséquence d'un endoctrinement (Stark *et al.*, 1996, p. 433). Au XIXe siècle, sous l'influence de la philosophie des Lumières, relate Lecaillon (2008, p. 13), les psychologues et sociologues – à l'instar d'Auguste Comte, Marx, Nietzsche ou Freud – ont rallié cette vision. Un siècle plus tard, les économistes décident de s'emparer de cette question, au prisme des outils et méthodes propres à la science économique. Leur postulat de départ conduit le plus souvent à considérer les comportements des consommateurs de biens et services religieux comme rationnels, obéissant notamment au principe de maximisation de l'utilité et des préférences (Stark *et al.*, 1996, p. 436-437).

En s'appuyant sur les travaux de Becker (1965), la plupart de ces économistes vont chercher à modéliser la part de rationalité économique qui conditionne les pratiques religieuses, assimilées à un processus productif de satisfaction religieuse. L'hypothèse de maximisation implique que les individus choisissent de participer à des activités religieuses, perçues comme un investissement en capital religieux, au regard des coûts et des gains nets que cette participation engendre. Azzi et Ehrenberg (1975, p. 32) distinguent trois types d'incitations à la participation aux activités religieuses. La première incitation renvoie au salut des individus et la satisfaction dans l'au-delà, que les individus pourront tirer des activités religieuses accomplies au cours de leur vie. Le second motif répond à un besoin immédiat de consommation et correspond à la satisfaction présente que les individus tirent de leur appartenance à une religion et à ses activités, en raison de croyances religieuses inhérentes ou de raisons purement sociales. Enfin, le troisième motif renvoie à ce qu'Adam Smith soulignait déjà dans la *Richesse des Nations*, à savoir un motif de pression sociale : l'appartenance à une église exerce un effet positif sur la réputation des individus. Les coûts engendrés par la production de satisfaction religieuse comprennent la dépense en biens religieux, les offrandes et les contributions financières qui assurent le bon fonctionnement de l'église et de ses œuvres caritatives. Ils comprennent également le temps passé à participer aux services religieux et à s'y rendre, le temps de dévotion consacré à la prière, à la méditation et à la lecture des écritures, ainsi que le temps consacré aux actes de charité ou à d'autres comportements motivés par des convictions religieuses (Iannaccone, 1990). Parallèlement, la constitution d'un « capital humain religieux » constitue également un coût pour l'individu cherchant à entretenir sa foi. Le capital religieux peut être défini comme l'ensemble des capacités productives qu'un individu acquiert par accumulation de connaissances dans le domaine religieux (connaissance des rites religieux et de la doctrine de l'Église), mais également par les relations qu'il entretient avec les autres fidèles (Iannaccone, 1990). Son accumulation est coûteuse car elle implique des dépenses liées à l'éducation religieuse, un coût de renoncement à pratiquer d'autres activités, mais également parce que l'existence d'une vie après la mort est par nature incertaine (Durkin et Greeley, 1991).

Au cours du temps, les individus peuvent modifier leurs choix de manière significative, en changeant les modalités et l'ampleur de leur participation aux activités religieuses, voire en se convertissant à une autre religion. Les travaux relevant de la théorie du choix rationnel analysent et modélisent de tels changements de comportement comme étant des réponses optimales des individus faisant face à un nouvel environnement – induit par des modifications de prix, de revenus, de compétences, d'expériences, de contraintes de ressources, ou d'accès à différentes technologies – contrairement à d'autres sciences sociales qui les relieraient à des modifications de normes ou de croyances. Les modélisations qu'ils proposent s'efforcent de reproduire les différentes dimensions des pratiques religieuses des individus, ainsi que les principaux facteurs susceptibles de les faire évoluer au cours du temps.

Azzi et Ehrenberg (1975) modélisent le comportement d'un ménage qui cherche à maximiser sa satisfaction durant sa durée de vie (consommation de biens non spirituels) ainsi que sa satisfaction attendue dans l'au-delà (le salut), en allouant son temps de manière appropriée dans des activités religieuses (investissement dans le capital religieux) à différentes étapes de sa vie. Comme tout investissement, celui en capital religieux procure un rendement qui, dans le cas présent, s'évalue comme le rapport entre, d'un côté, le salut que cet investissement permettra d'obtenir dans l'au-delà et, de l'autre côté, l'ensemble des coûts occasionnés par cet investissement.

Ces coûts résultent des revenus que le ménage ne touchera pas pendant le temps consacré aux pratiques religieuses. Le ménage fait donc face à un arbitrage entre travailler et participer à des activités religieuses qui lui permettront d'obtenir le salut après sa mort. En supposant que le rendement marginal procuré par les activités religieuses ne diminue pas avec l'âge, les auteurs montrent que le nombre d'heures consacrées aux activités religieuses aura tendance à augmenter avec l'âge du ménage. Il est, en effet, optimal pour le ménage de concentrer son investissement dans le capital religieux dans les derniers stades du cycle de vie parce que les rendements attendus de cet investissement ne seront générés qu'en fin de vie.

Dans la mesure où la croissance des salaires a tendance à diminuer avec l'âge, la participation aux activités religieuses du ménage au cours du temps aura plutôt la forme d'une courbe en U, diminuant d'abord et augmentant ensuite avec l'âge du ménage. Le modèle développé par Azzi et Ehrenberg (1975) permet également d'analyser la manière dont les modalités et l'ampleur de la participation religieuse du ménage peuvent être modifiées.

Tout d'abord, en supposant que la consommation attendue après la mort est un bien normal, toute augmentation exogène du revenu du ménage entraînera une augmentation de sa participation aux activités religieuses. De même, tout facteur qui accroît la satisfaction actuelle que le ménage tire de la participation à des activités religieuses devrait conduire à une augmentation du temps qu'il consacre aux activités religieuses. Enfin, si la date de la mort est incertaine, il peut devenir optimal pour le ménage d'investir dans le capital religieux le plus tôt possible, puisqu'il risque de ne plus être en vie pour investir durant les périodes futures. Ainsi, l'introduction d'une incertitude sur la date de la mort conduit à la possibilité d'une baisse de participation aux activités religieuses avec l'âge du ménage.

Alors que la variable de choix pertinente concerne la participation aux activités religieuses dans le modèle d'Azzi et Ehrenberg (1975), Durkin et Greeley (1991) développent un modèle de choix rationnel, sur la base du pari de Pascal[50], dans lequel un individu choisit un niveau optimal de foi en fonction de son utilité espérée. La foi, définie comme l'importance qu'un individu accorde à la religion ou à Dieu, augmente l'utilité de l'individu durant sa durée de vie, en conférant à sa vie (terrestre) un sens et un objectif. Elle accroît également son utilité espérée dans l'au-delà en lui permettant de s'assurer contre l'incertitude concernant l'existence d'une vie après la mort. Dans ce modèle, le niveau optimal de la foi dépendra positivement de la probabilité que la vie après la mort existe et du sens donné à la vie (subordonné à un niveau de croyance donné), et négativement du coût induit par l'entretien de la foi. Ce coût est positivement corrélé au prix de la foi (en termes de contributions ou de temps passé aux activités religieuses et de renoncement à d'autres activités), négativement au niveau de capital religieux et à la taille de la congrégation religieuse. Le modèle prédit que le niveau optimal de la foi d'un individu augmente avec le temps, toutes choses égales par ailleurs, en raison de l'augmentation du capital religieux. En outre, les individus élevés au sein de foyers plus religieux et les ménages composés d'individus de même confession auront tendance à avoir un capital religieux plus important et donc des niveaux de croyance plus élevés tout au long de leur vie. Enfin, dans la mesure où la conversion à une autre religion implique une diminution du capital religieux et une augmentation des coûts pour maintenir un niveau de croyance donné, les individus qui continuent à pratiquer la religion dans laquelle

[50] Le pari de Pascal est un argument philosophique mis au point par Blaise Pascal, selon lequel une personne rationnelle a tout intérêt à croire en Dieu, que Dieu existe ou non. En effet, si Dieu n'existe pas, le croyant et le non-croyant ne perdent rien ou presque. Par contre, si Dieu existe, le croyant gagne le paradis tandis que le non-croyant est condamné à l'enfer pour l'éternité.

ils ont été élevés ont un capital religieux plus important, ce qui conduit à un niveau de croyance également plus élevé.

Ces différents modèles s'inscrivent dans une théorie de la demande de religion et ont de ce fait très peu de choses à dire sur l'offre de religion en général. En se focalisant essentiellement sur le motif du salut et le motif de consommation, ils supposent que les individus peuvent choisir à la fois leur degré de croyance et leur degré de participation à la religion. Or, comme le souligne Iyer (2016, p. 411), le cadre d'Azzi-Ehrenberg et d'autres modèles d'économie de la religion ne permettent pas d'expliquer l'ensemble des comportements religieux, précisément parce qu'ils négligent le rôle de la pression sociale, contrairement aux modèles fondés sur des biens de club (ou biens à péage). Ces modèles reposent sur l'idée que la production et la consommation de religion présentent toutes les caractéristiques d'un bien collectif, soit une ressource partagée par une communauté de fidèles, et donc sujette aux comportements de passager clandestin (*free rider*) : si les fidèles d'une église peuvent avoir collectivement intérêt à ce que certains services religieux soient produits, personne n'a intérêt à en supporter individuellement le coût. Les phénomènes d'exclusion, sous forme d'interdictions, peuvent être rationnels du point de vue de la participation religieuse. Iannaccone (1992, p. 276) montre que l'interdiction d'activités laïques, concurrentes aux activités religieuses, a pour effet d'atténuer les problèmes de passager clandestin et entraîne également une plus forte participation aux activités religieuses, en augmentant le coût de la participation à des activités concurrentes. Aimone *et al.* (2013) soulignent que ces modèles ont permis de fournir un cadre général permettant d'expliquer certains phénomènes liés à la religion, comme l'attrait des individus pour les sectes religieuses, et également le comportement des producteurs de religieux cherchant à maximiser tant le nombre de leurs fidèles que les contributions financières.

3.2. Organisations religieuses et maximisation du profit

Partant de l'intuition de Smith, selon laquelle le clergé de toute église établie constitue une corporation dont les membres suivent leur intérêt (Smith [1776] 1991, p. 423), les églises sont perçues – dans le champ de l'économie de la religion – comme des entreprises motivées par la recherche du profit. Elles produisent des croyances et des actes religieux, qui peuvent être assimilés à des biens ou des services marchands.

Ces biens sont de deux catégories : (i) Les « biens de croyance », en particulier les « biens de croyances pures » (Lecaillon, 2008, p. 50), tels que les sacrements (baptême, pénitence, mariage, eucharistie, etc.) qui reposent essentiellement sur la foi en Dieu et la confiance accordée aux ecclésiastiques ; (ii) Les « biens relationnels », dont les retombés peuvent être le sentiment d'appartenance à un groupe, d'intégration ou d'identification sociale, et qui sont à l'initiative de l'Église, lorsque les croyants entrent en relation avec les autres, notamment lors des engagements caritatifs ou associatifs (Lecaillon, 2008, p. 51).

Les biens de croyance et les biens relationnels sont considérés comme des biens et services marchands, non seulement parce que leur finalité est de répondre à la satisfaction d'un besoin du consommateur, en l'espèce les croyants, mais surtout, parce qu'ils sont fournis à titre onéreux, par le biais de cotisations volontaires censées couvrir leurs coûts de production[51].

---

[51] Par ces coûts de production, on entend l'achat des cierges, des hosties ou du vin de messe, ou encore, la rémunération des laïcs (organiste, chantre, sacristain, secrétaire, etc.) et du clergé.

Selon Bold et Hull (1985), plusieurs éléments expliquent pourquoi les églises cherchent à maximiser leur profit. En premier lieu, elles ont besoin de ressources pour promouvoir leurs objectifs religieux. Elles auront d'autant plus de revenus qu'elles gèreront leurs ressources de manière efficace. Ensuite, elles sont également en concurrence avec d'autres institutions (organisations laïques, communautés locales, etc.), de sorte que leur succès exige qu'elles adoptent un comportement efficace. Enfin, la survie à long terme d'une église dépendra en partie de sa capacité à maintenir une richesse positive.

Un certain nombre d'articles se sont intéressés au comportement de l'Église catholique durant la période allant du XIe au XIIIe siècle, souvent appelée le haut Moyen Âge. Durant cette période, l'Église catholique romaine étend son pouvoir spirituel, politique et économique sur l'ensemble de l'Europe occidentale. Ces travaux mettent en évidence des comportements récurrents de recherche de rente. L'Église médiévale y est présentée le plus souvent comme une entreprise intégrée verticalement, le Pape jouant le rôle de franchiseur et le clergé local – évêques, abbés, curés de paroisse – celui de franchisé, fournissant le bien ou service final, soit les « conditions du salut ». À cette époque, le Pape, comme évêque de Rome, devient le chef autocratique d'une hiérarchie complexe, s'étendant jusqu'aux évêques régionaux et aux curés locaux. Avec le soutien de la puissante abbaye de Cluny, dont il est lui-même originaire, Grégoire VII prescrit en 1075 que le Pape sera désormais élu par une assemblée de cardinaux, et non plus par le peuple, largement soudoyé par les grandes familles romaines. La doctrine de l'Église, ainsi que l'attitude populaire à l'égard de la mort et du châtiment divin connaissent alors de profondes mutations. Comme l'explique Le Goff (1981, p. 301), à la fin du XIIe siècle, le purgatoire devient un nouveau lieu de l'au-delà, au sein d'une géographie remodelée de l'autre monde. Il s'inscrit dans une révolution mentale et sociale, qui remplace le système binaire en vigueur, divisé entre Ciel-Enfer (ou Paradis-Enfer), par un système ternaire (Ciel-Purgatoire-Enfer), faisant intervenir un espace intermédiaire – le purgatoire – qui relie entre eux les deux autres espaces. En combinaison avec la confession auriculaire et les indulgences, ce système tripartite forme ainsi un ensemble intégré. Ces changements s'accompagnent également de mutations organisationnelles, avec l'apparition de nouveaux ordres religieux, les ordres mendiants (franciscains, dominicains, carmes, ermites de saint Augustin) qui, selon Le Goff (1981), contribuent au XIIIe siècle à promouvoir cette reconfiguration doctrinale. Ces ordres entrent en concurrence directe avec le clergé séculier, composé des évêques et des prêtres diocésains, sur le marché du rachat des péchés.

En s'intéressant aux aspects matériels et organisationnels de la vie liturgique, certains travaux mettent en évidence les motivations économiques sous-jacentes à l'évolution des pratiques de l'Église médiévale. Ces diverses analyses reposent sur différentes théories économiques (théorie du monopole, théorie de l'innovation, théorie des contrats ou de l'agence) qui ont en commun de présenter le Pape et le clergé comme des agents rationnels, calculateurs. L'hypothèse selon laquelle les Papes et autres acteurs religieux aspirent à maximiser leur richesse individuelle permettrait d'expliquer le développement de la doctrine religieuse, l'évolution de la structure organisationnelle des institutions religieuses et des pratiques religieuses. Sans nier l'importance des facteurs spirituels, moraux et/ou politiques dans l'évolution de l'Église catholique romaine, ces travaux pointent les incitations économiques explicites et implicites auxquelles l'Église médiévale était confrontée, à une époque où sa position monopolistique sur le marché religieux était contestée par des concurrents institutionnels nouveaux et variés.

C'est l'angle adopté par Ekelund *et al.* (1989, p. 329), pour qui le développement de la doctrine religieuse, et notamment les rites du mariage, la pratique des indulgences et de l'usure par l'Église médiévale, peut non seulement s'expliquer par des facteurs relevant de la morale religieuse, mais également s'interpréter comme une réponse à des incitations économiques. Partant de l'idée smithienne que « le clergé de toute église établie constitue une grande entreprise » et s'appuyant sur les archives du Vatican, Ekelund *et al.* (1989) assimilent l'Église médiévale à une entreprise monopolistique « multidimensionnelle », caractérisée par une bureaucratie centrale (la Chambre apostolique), qui contrôle l'ensemble des revenus financiers ecclésiastiques, mais laisse à ses divisions (généralement régionales) un haut degré d'autonomie dans leurs opérations quotidiennes. Ces auteurs mettent en évidence plusieurs transformations au sein de l'Église, qui ont eu pour effet de limiter l'entrée de concurrents sur le marché de la religion, créant et maintenant une demande relativement inélastique de la part des fidèles, et facilitant la perception de rentes économiques au sommet de la hiérarchie : (i) l'instauration d'interdictions fortes contre toute forme d'hérésie, l'engagement dans des conflits avec les prétendants au titre de Pape, et l'encouragement de campagnes militaires afin de délivrer le tombeau du Christ à Jérusalem ; (ii) l'établissement de règlements contre des pratiques et des politiques spécifiques qui diminuaient l'autorité ou les revenus de la Papauté, en particulier les règlements touchant à la simonie, l'investiture laïque, l'usure et les juridictions des monastères et des églises ; (iii) la création d'une Chambre apostolique chargée de percevoir les redevances, de faire respecter leurs paiements et de supprimer les imposteurs et les usurpateurs (Ekelund *et al.*, 1989, p. 313).

Ekelund *et al.* (1989, p. 311) soulignent, qu'au sein de l'Église médiévale, la bureaucratie papale détenait le monopole, en tant que fournisseur d'intrants, et accaparait donc la rente. Elle faisait cependant face à un déclin de la dévotion de ses membres, et donc de ses revenus, au profit de sectes rivales. Pour ces auteurs, l'Église médiévale a utilisé la doctrine du purgatoire comme un moyen de maintenir ou d'élargir sa part de marché, en réduisant le prix des péchés. D'une part, le purgatoire permettait de différer dans le temps le rachat de ses péchés, en réduisant ainsi le prix actuel du péché. D'autre part, l'utilisation des indulgences tarifaires, en relation étroite avec le purgatoire, avait pour effet de réduire les coûts de transaction pour les pêcheurs, pour qui le coût d'opportunité des activités religieuses était élevé.

Schmidtchen et Mayer (1997) assimilent, quant à eux, la relation Papauté-clergé local à une relation d'agence. Selon eux, la Papauté (principal) se trouverait en situation d'infériorité informationnelle par rapport au clergé local (agent), car elle ne connait souvent qu'imparfaitement les conditions réelles d'exploitation des concessions religieuses. À l'époque, le système pénitentiel était fortement réglementé au sein de l'Église, avec la mise en place de fortes barrières à l'entrée, de nature essentiellement administrative, avec la subdivision des diocèses en paroisses. Dans le système paroissial, le curé, administrateur de la paroisse, possédait le monopole de la prédication et du soin des âmes. La situation d'infériorité informationnelle de la Papauté était d'autant plus marquée que les services religieux qui accompagnaient le développement de la doctrine religieuse étaient nouveaux, que la Papauté, en situation de monopole, ne disposait d'aucun élément de comparaison, et que la vérification des services religieux au niveau local restait complexe et onéreuse. Cette situation créait le risque que le clergé local ne défende pas fidèlement les intérêts de la Papauté. Pour Schmidtchen et Mayer (1997, p. 123), la crainte de s'approprier des rentes plus faibles en raison d'un manque de concurrence au sein du clergé local a conduit la Papauté à engager une politique de déréglementation du marché de la prédication et de la purification, en autorisant officiellement l'entrée des ordres mendiants sur ce marché.

Pour Iannaccone (1991, p. 160), le modèle du monopole simple limite l'analyse de la production religieuse à celle des quantités produites, souvent mesurées par le nombre d'adhésion et de fidèles. Cette analyse fait abstraction à la fois de la variété des biens religieux produits, mais aussi de la qualité de ces produits, un aspect important de l'analyse d'Adam Smith. Par ailleurs, bien que ce modèle puisse s'appliquer à l'Église médiévale, il est beaucoup moins adapté aux autres environnements religieux. Iannaccone (1991, p. 160) affirme qu'un quasi-marché serait plus représentatif du marché religieux de l'Angleterre à l'époque d'Adam Smith. Le modèle qu'il propose est celui d'une organisation hybride, dans laquelle coexistent une église établie fortement subventionnée, dirigée ou réglementée par l'État et, à sa périphérie, un grand nombre de congrégations plus petites, indépendantes et concurrentes. Selon lui, ce modèle permet de capturer les caractéristiques essentielles des églises d'Europe, depuis la Réforme jusqu'à aujourd'hui[52].

---

[52] Même dans les pays où l'Église dominante ne jouit plus d'un statut juridique particulier, il est courant que cette dernière bénéficie d'une reconnaissance de fait sous la forme de subventions spéciales, d'un accès préférentiel aux équipements publics, d'une législation et de décisions de justice favorables, ainsi que de faveurs politiques permanentes.

3.3. La concurrence augmente-t-elle l'efficacité du marché religieux ?

La religion d'État joue un rôle central dans la vision du marché religieux chez Adam Smith (Smith [1776] 1991). Selon lui, elle a pour principale conséquence de renforcer la position de monopole de la religion par le biais de barrières à l'entrée et de subventions. Comme pour toute autre marchandise, la liberté de choix du consommateur contraint les producteurs de religion. Une entreprise religieuse particulière ne peut prospérer que si elle fournit un produit qui est au moins aussi attrayant que celui de ses concurrents. Par conséquent, un marché religieux parfaitement concurrentiel poussera les « entreprises » à produire efficacement et *in fine* augmentera la participation religieuse. Au contraire, une religion en situation de monopole aura tendance à inciter les fournisseurs de religion à fournir des services de moins bonne qualité, ce qui se traduira par des taux de participation aux activités religieuses plus faibles.

Les travaux issus de l'économie de la religion, qui mettent en évidence l'existence d'un marché religieux, proposent un cadre méthodologique permettant de tester un certain nombre de propositions présentes chez Adam Smith, notamment l'impact positif exercé par le pluralisme sur la participation religieuse, résultant de la concurrence entre les offreurs. L'idée est la suivante : même si les services religieux sont fournis gratuitement par une église établie, c'est-à-dire une église reconnue spécialement par un gouvernement national, le niveau global de consommation religieuse peut être inférieur à celui d'un marché concurrentiel comparable. Dans la mesure où les fidèles ont peu de contrôle sur la quantité ou la qualité de la religion fournie par une église établie, et parce qu'il est difficile de compléter les services d'une église par ceux d'une autre, les individus auront tendance à accepter la religion fournie par l'église établie, même si leur niveau de consommation optimal dans le cadre d'un marché libre serait plus élevé. L'État ou le pouvoir politique introduit des distorsions dans le contenu de la religion, réduit la satisfaction des individus à l'égard des églises, et donc les niveaux moyens de participation aux activités religieuses (Iannaccone, 1991, p. 162).

L'idée d'étudier les effets du pluralisme religieux sur la participation religieuse n'est cependant pas propre aux économistes. Comme le soulignent Voas *et al.* (2002, p. 212), cette relation est analysée dans les travaux de sociologie (e.g. Berger, 1967[53]). Ces travaux soutiennent que le pluralisme religieux tend à affaiblir l'influence des réseaux sociaux et des institutions qui sont au cœur de la croyance. Lorsque l'État, les institutions publiques et les contacts sociaux quotidiens ne réaffirment plus la vérité d'une croyance religieuse donnée, mais exposent les gens à une diversité d'opinions, la religion perd sa qualité de vérité évidente. En conséquence, la croyance et l'engagement religieux diminuent. Berger, comme de nombreux théoriciens de la sociologie classique, considère l'augmentation de la diversité religieuse et la diminution de la religiosité comme des changements sociaux inéluctables de la modernité. Cette thèse s'inscrit dans le cadre général d'interprétation des évolutions religieuses des sociétés modernes, la sécularisation, qui a longtemps dominé les travaux de la sociologie des religions[54].

---

[53] Peter L. Berger, 1967. *The Social Reality of Religion*, Londres, Faber and Faber, 263 p.

[54] Il est d'ailleurs important de noter qu'un nombre important de ces travaux sont publiés dans des revues sociologiques, comme l'*American Sociological Review*, plutôt que dans des revues strictement économiques.

Les travaux qui s'inscrivent dans le courant de l'économie de la religion vont, au contraire, remettre en cause cet effet du pluralisme religieux, en soutenant que la participation religieuse est plutôt dynamisée par la présence de fournisseurs alternatifs et par la concurrence qui en résulte, chaque groupe s'efforçant de gagner des fidèles. Si, pour les sociologues, cette idée permet de remettre en cause la thèse de la sécularisation, pour les économistes, il s'agit de donner des fondements empiriques à la pensée d'Adam Smith. Iannaccone (1998) recense les principaux travaux en économie de la religion qui accréditent empiriquement l'idée d'une relation positive entre les incitations religieuses (foi en Dieu, confiance dans la religion, etc.) et le nombre de confessions existantes. Ces travaux tendent à montrer que l'activité religieuse est importante dans des pays accueillant de nombreuses églises, et que la diversité de l'offre religieuse est corrélée positivement au degré d'engagement des fidèles, suggérant ainsi que la concurrence inciterait non seulement les religions à améliorer la qualité de leurs services, mais permettrait aussi d'augmenter la participation aux activités religieuses. Au contraire, toute religion établie se traduit par une baisse de qualité de ce qu'elle produit car elle « n'est pas aiguillonnée par la concurrence du fait même de sa situation de monopole » (Simonnot, 2008, p. 12). Tout renforcement, par une religion d'État, de sa position monopolistique, aurait pour conséquence de réduire la qualité des services religieux, d'amoindrir la participation aux activités religieuses et de détériorer la qualité des croyances.

Ces approches sont de nature essentiellement empirique. Le pluralisme religieux y est mesuré à partir du complément de l'indice de Herfindahl, indice généralement utilisé en économie pour mesurer la concentration du marché. Les différentes confessions composant un marché religieux détiennent chacune une part de fidèles, p_i, relativement à la totalité des fidèles recensés dans une région. L'indicateur de pluralisme religieux est alors défini comme étant égal à $1 - \sum p_i^2$. La valeur de cet indicateur varie entre 0 et 1. Il est nul lorsqu'il n'y a qu'une seule confession religieuse, et maximal lorsque les confessions sont de taille identique. Parce que cet indice tient compte de la diversité de taille des confessions, il mesure de manière plus adéquate les choix disponibles en matière de religion que le seul nombre de confessions. Ainsi, par exemple, la valeur de cet indicateur restera faible lorsqu'une ou deux confessions dominent le marché religieux d'une région, même s'il existe dans cette région des dizaines de petites confessions que la plupart des adhérents potentiels n'ont jamais rencontrées et que probablement, ils ne rejoindront pas (Voas *et al.*, 2002, p. 214). Le taux de participation aux activités religieuses de chaque confession est, quant à lui, mesuré par le pourcentage de la population appartenant à cette confession, le taux de participation total étant défini comme la somme des taux de participation de chaque confession. La méthode empirique consiste alors à régresser le niveau de participation religieuse sur l'indice de pluralisme religieux, moyennant des variables de contrôle. Selon que la corrélation est positive ou négative, on peut en déduire que le pluralisme religieux favorise ou freine l'engagement religieux.

La mise en évidence d'une corrélation positive entre pluralisme religieux et participation religieuse a fait l'objet d'une vaste littérature et, comme le souligne Iannaccone (1998, p. 1486), est vérifiée dans des contextes très différents : contemporain comme historique, national comme international. D'un point de vue historique et national, les effets de l'évolution du marché religieux aux États-Unis ont fait l'objet d'une attention particulière. Les travaux qui s'y réfèrent cherchent à savoir si le désétablissement et la privatisation de la religion, évolutions singulières au continent nord-américain, au lendemain de la guerre d'indépendance, se sont accompagnés d'une plus forte participation religieuse. Finke et Iannaccone (1993) montrent ainsi que si, en 1776, les congrégations établies des anciennes colonies (New England, Maine, New Hampshire, Vermont, Massachusetts, Connecticut) dominaient le marché religieux en termes de nombre d'adhérents, ce nombre a chuté en 1850, au profit des congrégations dissidentes, telles que les congrégations baptistes et les méthodistes. Par exemple, dans la Nouvelle-Angleterre, la congrégation établie qui dominait le marché religieux, avec plus des deux tiers des fidèles en 1776, avait vu sa part chuter de 28 % en 1850. En sens inverse, les pourcentages de fidèles étaient passés dans les congrégations baptistes et les méthodistes de 12 % en 1776 à 41 % en 1850 (resp. de 0 à 11 % chez les catholiques). Finke et Iannaccone (1993, p. 30-31) notent également que la part d'adhésion à la religion a doublé entre 1776 et 1850, passant de 17 à 34 %. Ils attribuent en grande partie ces évolutions au pluralisme religieux favorisé par le premier amendement de la Constitution américaine qui interdit dès lors toute religion officielle au niveau de l'État fédéral.

D'autres travaux reposant sur des données plus récentes, menés à une échelle internationale, cherchent à comparer les confessions religieuses catholiques et protestantes. Iannaccone (1991) utilise des données sur les croyances et la participation religieuse, qui proviennent d'enquêtes menées entre 1981 et 1983 sous la direction de l'*International Study of Values*. Les mesures de participation religieuse qu'il utilise sont diverses et comprennent le pourcentage de la population (interrogée) fréquentant une église chaque semaine, le pourcentage de personnes qui affirment croire en un Dieu, croire en la vie après la mort, croire en l'enfer, au paradis et au diable, le pourcentage de personnes qui prient ou méditent et qui croient que leur église apporte des réponses adéquates aux besoins spirituels de l'homme. Les indices de pluralisme religieux sont calculés quant à eux à partir des données sur la composition religieuse de chaque pays et proviennent de l'*Encyclopédie chrétienne mondiale* de Barrett (1982)[55]. Ses résultats montrent que les taux de fréquentation des églises protestantes sont fortement dépendants de la structure du marché religieux, contrairement à ce que l'on peut observer au niveau des confessions catholiques. Les fidèles catholiques fréquentent leur église avec la même assiduité, quelle que soit la part de marché de leur église, alors que les fidèles protestants sont beaucoup moins enclins à fréquenter leur église quand une confession protestante unique monopolise le marché religieux. Ce résultat est robuste à l'indicateur d'engagement religieux utilisé.

Une des explications avancées par Iannaccone (1991, p. 170) pour expliquer cette différence est que les églises catholiques en situation de monopole sont moins bureaucratisées et réglementées que leurs homologues protestantes. Les églises protestantes en situation de monopole comme les églises luthériennes de Suède, Norvège, Danemark ou Finlande agissent en tant qu'agences du gouvernement, elles sont entièrement financées par l'État et gérées par des fonctionnaires. Elles sont donc plus enclines à subir les mêmes inefficiences que les autres monopoles d'État. Les liens entre l'Église catholique et l'État, en comparaison, ne sont pas aussi imbriqués : le statut de l'Église n'est pas aussi incontestable et le clergé doit faire preuve d'une plus grande motivation.

[55] Barret David B. 1982. *World Christina Encyclopedia. A comparative study of churches and religions in the modern world,* Oxford University Press, 1 010 p.

Ces observations sont déjà présentes dans les écrits de Smith :

> *Dans l'Église de Rome, le zèle et l'industrie du clergé inférieur sont bien plus entretenus par le puissant motif de l'intérêt personnel, plus que dans toute autre Église protestante établie. Le clergé paroissial tire, pour beaucoup d'entre eux, une partie très considérable de sa subsistance des dons volontaires du peuple [...] Les ordres mendiants tirent toute leur subsistance de ces dons [...] Ils sont donc obligés d'utiliser tous les procédés qui peuvent animer la dévotion du peuple [...] Dans les pays catholiques romains, l'esprit de dévotion est soutenu entièrement par les moines et par le clergé paroissial plus pauvre.*
>
> [Smith [1776] 1991, p. 414]

Le fait que les résultats attendus de la théorie du monopole ne se vérifient pas dans le cas de l'Église catholique a incité les économistes à raffiner et complexifier le modèle de base. Comme souligné dans la section précédente, la Papauté aurait – selon Schmidtchen et Mayer (1997, p. 123) – mis en place, durant la période médiévale, une politique de déréglementation du marché de la prédication et de la purification, en autorisant officiellement l'entrée des ordres mendiants sur le marché du religieux.

En tant que fournisseur d'idéologie et d'autres produits immatériels, l'Église médiévale jouissait d'une capacité à segmenter les marchés en fonction des différentes demandes et à pratiquer une discrimination par les prix, opportunité relancée par l'introduction de l'idée de purgatoire (Ekelund *et al.*, 1989). La distinction quelque peu ambiguë entre péchés mortels et véniels faisait que les besoins et les ressources des fidèles permettaient de distinguer les deux types de péchés, et constituaient un moyen d'obtenir des conseils individualisés sur les pénitences appropriées. Le confessionnal offrait à la fois ce service et donnait aux prêtres un dispositif unique pour discerner les niveaux de demande individuelle parmi les pénitents[56].

Sur la période plus récente, Stark (1992, p. 267) fait valoir que les églises catholiques d'Irlande et de Pologne ont joué un rôle moteur dans la résistance à la domination politique extérieure de l'Angleterre et de l'Union soviétique, respectivement, ce qui expliquerait des taux de participation traditionnellement plus élevés chez ces deux nations majoritairement catholiques. Ces églises en situation de monopole, d'un point de vue strictement religieux, pouvaient donc être considérées comme étant en situation de concurrence au sein d'un marché politique plus large.

La méthode consistant à estimer des corrélations entre pluralisme religieux et taux de participation religieuse a néanmoins fait l'objet de nombreuses critiques. En particulier, il est difficile de déduire de ces corrélations une causalité. Il est vrai que la plupart des études se caractérisent par un nombre restreint de données (par manque de disponibilité) et effectuent généralement des estimations en coupe transversale qui sont sujettes à de nombreux biais d'estimation, auxquels viennent s'ajouter d'autres problèmes méthodologiques. En premier lieu, l'effet positif du pluralisme religieux serait dû en grande

---

[56] À titre d'exemple, dans la France du XIXe siècle, écrit Simonnot (2008, p. 24), on dénombre jusqu'à neuf classes différentes d'enterrements, dont le rapport des prix va de 1 à 122 (pour la plus chère qui mobilise 22 prêtres et 6 chantres). Les places assises au sein des églises sont, quant à elles, régies par 19 types d'abonnement et quelque 87 catégories de prix.

partie au degré élevé de colinéarité entre les variables indépendantes. C'est la critique qu'adresse Breault (1989) à un des premiers articles traitant de cette relation, celui de Finke et Stark (1988). Ces deux derniers auteurs, en s'appuyant sur des statistiques concernant les organismes religieux de 1906 aux États-Unis, montrent que le pluralisme religieux et le pourcentage de catholiques dans la population exercent un impact significatif et positif sur la participation religieuse. Breault (1989), en utilisant des statistiques sur les effectifs par région des organismes religieux aux États-Unis en 1980 (États et comtés) et en estimant la même spécification que Finke et Stark (1988), trouve au contraire une relation négative et significative entre le pluralisme religieux et la participation religieuse. Ce résultat va dans le sens de celui de Chaves et Gorski (2001). Ces deux auteurs montrent que l'hypothèse d'une corrélation positive entre pluralisme religieux et participation religieuse n'est pas validée sur l'ensemble des 26 articles publiés qu'ils étudient. En second lieu, comme le démontrent Voas *et al.* (2002), les corrélations significatives trouvées dans ces travaux peuvent s'apparenter à de simples artefacts, liés à la relation mathématique entre l'indice de pluralisme et les taux de participation religieuse, tous deux calculés en pourcentage de la population totale. Une façon de pallier ce problème est de calculer la participation religieuse en fonction de la population totale et les parts de marché de chaque confession en fonction du total des fidèles des confessions considérées. C'est la méthode suivie par Iannaccone (1991) et Barro et McCleary (2003).

Enfin, Voas *et al.* (2002) démontrent que le signe de la corrélation dépend de la distribution des tailles des confessions. Ainsi, lorsque ce sont les confessions de taille importante qui voient leurs effectifs varier, la corrélation entre pluralisme religieux et participation religieuse a tendance à être négative. Au contraire, si les confessions de petite taille sont principalement concernées, la corrélation a tendance à être positive. Selon ces auteurs, il n'est donc pas exclu que le pluralisme religieux n'exerce aucun effet sur la participation religieuse.

Conclusion

L'émancipation de la discipline économique du fait religieux au XVIIIe siècle a conduit à l'étude d'un nouvel objet économique, la religion.

Conformément à Adam Smith qui avait transposé son analyse des activités économiques à la sphère religieuse, les économistes contemporains ont cherché à analyser le fait religieux dans la tradition économique de *l'homo œconomicus* et du marché. L'action combinée des croyants qui cherchent à maximiser leur utilité et des religieux producteurs de croyance nourrit un marché du religieux. Les producteurs et les consommateurs de religions, en suivant leur intérêt personnel, déterminent comment les ressources sont allouées, quelle qualité de croyances est produite, et qui les achète et à quel prix. Dans cette logique, la sphère religieuse est tout autant, comme toute autre sphère sociale ou économique, considérée par les économistes, comme structurée par les seules forces du marché, notamment la loi de l'offre et de la demande, et l'intérêt personnel.

Si pour les tenants de l'économie de la religion, ce champ offre de nouvelles perspectives à l'analyse de la religion, il n'est pas pour autant exempté de critiques. Ainsi pour les hommes d'Église, en assujettissant bien souvent les objets et actes religieux à une simple logique marchande, l'économie de la religion sous-estime le spirituel au profit du matériel et, ce faisant, déforme la nature particulière de la religion. En d'autres termes, la religion analysée au prisme de l'intérêt personnel, ou encore considérée comme régulée par les seuls mécanismes de marché, deviendrait purement « mondaine », et abandonnerait, à l'exemple des systèmes économiques (le capitalisme et le socialisme marxiste), les idéaux de la transcendance au profit des biens matériels (Obadia, 2017, p. 200).

CHAPITRE III
LA DOCTRINE SOCIALE DE L'ÉGLISE : VERS UNE VISION THÉOLOGICO-ÉCONOMIQUE DE L'ÉCONOMIE DE MARCHÉ

Introduction

Selon le magistère[57] de l'Église, la société obéirait essentiellement à des principes économiques, la recherche de l'intérêt personnel primerait sur la solidarité, et les fins matérielles l'emporteraient sur les finalités spirituelles. C'est du moins ce qu'il ressort de la lecture des réflexions politiques et socio-économiques menées à la lumière de la foi et de la tradition ecclésiale produites par le magistère catholique – ou ce qu'il est convenu d'appeler la doctrine sociale de l'Église – et de l'approche historico-herméneutique que j'ai pu mobiliser.

Pour la doctrine sociale, la pensée des Lumières du XVIIIe siècle a favorisé l'élaboration d'une discipline économique indépendante de tout présupposé religieux. La révolution des valeurs morales que le monde moderne a connue est la conséquence des idées qui ont germé avec les contractualistes du XVIIe siècle (Thomas Hobbes, John Locke, etc.) et les Lumières du XVIIIe siècle (Shaftesbury, Hutcheson, Hume, Adam Smith, etc.) et qui se sont émancipées de toute contrainte religieuse. Par leurs idées,

---

[57] Le magistère est un terme théologique qui désigne l'enseignement des évêques et du Pape au nom de la mission du Christ confiée aux apôtres. Cet enseignement s'exprime notamment à travers les conciles œcuméniques, les encycliques qui sont des lettres solennelles adressées par les Papes aux évêques, à l'ensemble des fidèles et aux hommes de bonne volonté. L'enseignement des Papes peut également être promulgué sous forme de constitutions, d'exhortations ou de lettres apostoliques, de Motu proprio et de bulles pontificales.

les philosophes et les économistes des XVIIe et XVIIIe siècles ont appréhendé l'individu comme un être autonome, dépourvu de toute transcendance, libéré d'un Dieu qui lui serait extérieur et duquel émaneraient les règles structurant le vivre-ensemble. C'est dans un tel contexte que la vie économique n'est plus subordonnée à aucune contrainte d'ordre religieux. Les hommes des Lumières ont développé le concept de marché à l'aune de la notion d'intérêt, lequel marché est considéré comme l'unique mode de régulation de la société moderne en dehors du cadre religieux.

Les économistes se félicitent de cette émancipation socio-épistémologique, parce qu'elle est, à leurs yeux, la garante des droits modernes et de la liberté de l'homme. Comme nous le montrerons dans ce chapitre, l'Église, à travers sa doctrine sociale, stigmatise cette place singulière de l'économie, et prône une vision théologico-économique de la vie socio-économique. Pour le dire autrement, l'Église prêche une conception morale de l'économie et du marché, fondée sur la notion de transcendance divine, lui contestant la faculté de structurer et réguler la vie sociale dans sa globalité, et défendant une régulation assise sur des valeurs morales qui s'imposent à tous. On comprend alors pourquoi l'Église va chercher à réintroduire des valeurs purement morales au sein de la sphère économique, seule manière selon elle de rendre, d'une certaine manière, les idées économiques héritières de la morale religieuse et *in fine* de réhabiliter la transcendance divine.

Au contraire, la doctrine capitaliste, basée sur la propriété privée et la liberté d'entreprendre, et la doctrine socialiste, qui prône la suppression de la propriété privée et sa réappropriation par l'État, reposent sur des principes socio-économiques en rupture avec la transcendance divine. Le capitalisme, en se plaçant au service du moi souverain, se détache du principe chrétien de la destination universelle des biens. Le socialisme, en remettant en question la propriété privée au nom du collectivisme, promet un paradis terrestre en concurrence avec celui des chrétiens. Ainsi, socialisme et capitalisme créent-ils une société sans transcendance divine, dont la régulation est confiée respectivement à la planification et aux seuls mécanismes du marché.

Les premières tentatives pour réintroduire les valeurs religieuses dans les réalités politiques, économiques et sociales sont venues de la doctrine préconciliaire[58], dont les enseignements sont affiliés à l'ecclésiologie du concile Vatican I (1869-1870). Cette doctrine considère l'Église comme une institution infaillible, hiérarchique et juridique, s'oppose farouchement à la vision régulatrice du marché, et propose, comme mode de régulation alternatif, d'ancrer à nouveau la vie économique dans la morale religieuse.

Plus de cent ans après la Révolution industrielle, la crise des années 1930 et ses conséquences sociales seraient la preuve, pour les Papes préconciliaires, de l'échec d'une économie de marché dépourvue de toute valeur morale. Appelant de leurs vœux l'avènement d'une « société chrétienne », ces Papes réclament un retour (nécessaire) à la vie chrétienne et aux institutions du christianisme.

À contrario, face aux succès relatifs en matière économique et sociale de la période dite des « Trente Glorieuses », le concile Vatican II décide d'adopter une attitude plus indulgente vis-à-vis de l'économie de marché et de sa volonté d'autonomie. Commencé par Jean XXIII (1958-1963) et achevé par son successeur Paul VI (1963-1978), Vatican II se veut plus « pastoral », plus inclusif car

---

[58] Par doctrine préconciliaire, nous faisons référence au magistère des Papes ayant officié durant la période qui s'étend du concile Vatican I (1869-1870) au concile Vatican II (1962-1965). Il se compose de l'enseignement des Papes Léon XIII (1878-1903), Pie X (1903-1914), Benoît XV (1914-1922), Pie XI (1922-1939) et Pie XII (1939-1958).

« non définitoire » (Bruley, 2004, p. 108), en dialogue avec la modernité, au sortir des deux grandes transformations sociales qu'ont constituées la révolution industrielle, débutée en Angleterre au milieu du XVIIIe siècle, et la révolution démocratique, symbolisée par la Révolution française en 1789 (Baum et Vaillancourt, 1992, p. 433). Par son ouverture à la modernité, Vatican II reconnait la juste autonomie des réalités terrestres et voit, dans la loi de l'offre et de la demande, un instrument apte à mieux satisfaire les besoins accrus de l'humanité.

Les aspects positifs de l'économie de marché, reconnus d'une façon ou d'une autre par le concile Vatican II, constituent une transition et un acquis pour le Pape Jean-Paul II. Celui-ci intègre dans sa réflexion les apports de l'économie de marché, concluant à la convergence de l'anthropologie chrétienne et de la logique du marché libre : l'institution du marché honore – même de manière limitée – les valeurs chrétiennes, notamment celle de la liberté humaine et de l'esprit de créativité. Aussi, le marché libre est-il un instrument efficace pour la répartition des ressources et la régulation des activités circonscrites à la sphère économique.

Les apports du marché libre étant actés par la doctrine sociale de l'Église, le Pape Benoît XVI (2005-2013), à la suite du Pape Jean-Paul II, va s'efforcer de réintroduire dans l'économie de la transcendance, par le biais des valeurs morales, notamment celles de la confiance et de la logique du don. Sans une forme interne de solidarité et de confiance réciproque entre les acteurs économiques, pense-t-il (Benoît XVI, 2009, § 35), le marché ne peut pleinement remplir sa fonction de régulation, quand bien même se restreindrait-elle à la seule sphère économique.

L'objectif de ce chapitre est d'analyser la manière dont la doctrine sociale de l'Église a su adapter son discours à l'institution du marché libre, en acceptant progressivement ses principes, sans perdre de vue le contenu du message évangélique et de ses vérités fondamentales. Il se structure en trois sections. Dans la première, nous revenons sur la réaction de la doctrine sociale de l'Église face au capitalisme naissant et au socialisme marxiste, voies de coordination des activités économiques alternatives, en rupture avec la transcendance divine. Dans la deuxième section, nous montrons comment les Papes préconciliaires, après s'être opposés aux velléités d'autonomie du marché, ont souhaité ancrer l'économie dans la morale, faisant de l'Église, institution de droit divin, la seule apte à réguler toute société. La dernière section s'intéresse à l'évolution de la doctrine sociale de l'Église vers la reconnaissance du marché libre. Après avoir présenté les prémices de cette reconnaissance par le concile Vatican II, nous analysons la doctrine sociale postconciliaire. Si celle-ci considère le marché libre comme un bon instrument de régulation au sein de la sphère économique, en ce qu'il honore l'anthropologie chrétienne, elle n'en insiste pas moins sur ses limites, qu'elle propose de corriger au moyen d'un recours systématique aux valeurs religieuses, tels la solidarité et le don désintéressé.

1. Capitalisme et socialisme, des systèmes socio-économiques en rupture avec la transcendance divine

À l'instar d'Adam Smith (1776), les Lumières du XVIIIe siècle ont dépeint une société capable d'atteindre, par son fonctionnement même, la prospérité économique, via le jeu des passions. Elles ont fait du marché le fondement et le mécanisme de régulation du social hors du cadre religieux, par le seul truchement de l'intérêt personnel. L'économie, en faisant l'apologie de la recherche de l'intérêt privé, a sacrifié l'ensemble des normes religieuses qui avait prévalu jusqu'alors, au profit de l'économie de marché (Laurent, 2004, p. 5).

Depuis le déclin de l'Empire romain d'Occident, et jusqu'au XVIIIe siècle, la vie politique et économique était organisée en référence aux préceptes dictés par l'Église, qui était parvenue à modeler la civilisation judéo-chrétienne selon ses vérités (Laurent, 2007, p. 105). De ce point de vue, l'économie était encastrée au sein de l'ensemble des phénomènes sociaux (Polanyi [1944] 1983, p. 88), eux-mêmes subordonnés aux règles définies par la morale religieuse. L'institution religieuse jouait un rôle politico-économique structurant et régulateur jusqu'à la fin du Moyen Âge, période à partir de laquelle elle perd progressivement son influence.

À la suite des idées sur l'autonomie de l'individu, soutenues par les contractualistes et les Lumières aux XVIIe et XVIIIe siècles, l'Église doit faire face aux différents États libéraux de l'Europe, bien décidés à sortir du modèle social médiéval. Cet épisode a pour principale conséquence de confiner la religion à la sphère privée (Zięba, 2002, p. 19) et d'ouvrir la voie à la formation de modes d'organisations économiques alternatifs (capitalisme et socialisme marxiste). Les prémices d'une rupture avec la transcendance divine sont donc déjà présentes dans le mouvement de l'industrialisation, débuté au milieu du XVIIIe siècle en Angleterre.

La révolution industrielle, ciment des antagonismes de classes entre capitalistes et prolétaires, s'est accompagnée de ruptures profondes dans les liens sociaux traditionnels et les pratiques religieuses. La culture industrielle a fait voler en éclats l'univers des valeurs religieuses, morales et sociologiques[59] (Zięba, 2002, p. 19). En conséquence, les

[59] Par exemple, la culture industrielle a fait disparaître une part des relations interpersonnelles, cette notion de service rendu à l'autre. Avec

individus, autrefois affiliés par des liens héréditaires à un groupe social (famille, corporation, etc.), ont vu leurs relations traditionnelles se dépersonnaliser et se déliter (Roger, 2012, p. 44). Selon l'Association *Économie et Humanisme*[60], fondée par le Père dominicain Louis Joseph Lebret en 1941 en réaction au conflit mondial, la technique et l'industrialisation ont dissout les vieilles communautés organiques et créé des liens artificiels mus par la fièvre du profit (Lebret *et al.*, 1942, p. 12). L'ethos de l'industrialisation a donné à l'utilité la priorité sur les principes vitaux et religieux, procédant ainsi à une inversion des valeurs (Scheler, 2016, p. 63).

La révolution industrielle, induite par le développement de l'imprimerie, l'invention de la machine à vapeur, ou encore de l'électricité, a augmenté la capacité de l'homme

---

l'essor de la technique, « les hommes peuvent s'assembler, au-delà de tout contact direct et de tout échange vivant, soit pour produire, soit pour échanger. À cette échelle, les liens humains se relâchent, l'idée de service disparait » (Lebret *et al.*, 1942, p. 11-12).

[60] L'Association *Économie et Humanisme* a été fondée en 1941 en réaction au conflit mondial. Les membres fondateurs sont : Alexandre Dubois, le Père dominicain Louis Joseph Lebret, Marie-Fabien Moos, François Perroux, Jean-Marius Gatheron, Marie-Réginald Loew, René Morreux et Gustave Thibon. L'association publie son manifeste fondateur en 1942 dans lequel les membres militent pour une économie humaniste et rejette la régulation de la société par le marché. La doctrine sociale de l'Église s'est beaucoup appuyée sur les travaux de l'association. Raison pour laquelle le Père Louis Joseph Lebret, le fondateur de l'association, a écrit la première version de l'encyclique *Populrum pragressio* (1967) du Pape Paul VI. D'ailleurs, celui-ci le cite en ces termes :
« Nous n'acceptons pas de séparer l'économique de l'humain, le développement des civilisations où il s'inscrit. Ce qui compte pour nous, c'est l'homme, chaque homme, chaque groupement d'hommes, jusqu'à l'humanité tout entière » (Lebret, 1961, p. 28) cité par (Paul VI, § 14).

à produire des biens matériels. L'industrie, en produisant des richesses nouvelles par le biais de procédés nouveaux, a changé la nature du travail. Le travailleur, jusqu'alors serviteur de Dieu, possesseur de la terre, devient un ouvrier, un salarié ; son employeur détenant, quant à lui, la totalité du capital et des moyens de production. À cette nouvelle répartition de la propriété correspondent, dès lors, de nouvelles formes de rémunération, celles du capital et du travail. Le capitaliste se substitue à Dieu en récupérant la pleine maîtrise de la nature. « Cette dernière est devenue un objet sur lequel on peut agir. On peut la transformer. On peut l'exploiter » (Giraud et Sarr, 2021, p. 94). Ce faisant, le capitalisme a fini par objectiver l'Autre et oublié le sens de la dignité humaine, réduite à l'état d'instrument ou de simple machine de production[61].

Subséquemment, la solidarité et la charité, valeurs religieuses qui unissaient les individus, ont disparu : la justice et la charité ont cédé le pas à l'individualisme et à la recherche exclusive du profit (Gavignaud-Fontaine, 2009). Ainsi, le capitalisme, en tant que système fondé sur les droits de propriété, autorise le règne de la mauvaise « chrématistique » (Aristote [est. -323] 1995, Livre I, chap. 9, 1257a, 40, p. 55), l'enrichissement pour l'enrichissement, comme une fin en soi (Caillé, 2005, p. 194). Il fait émerger une nouvelle anthropologie qui saura infléchir nettement la dimension morale et sociale que l'Église avait placée dans la propriété privée. Cette dimension morale, qui admet la possession de la richesse et la propriété privée, n'en définit pas moins un usage légitime, tourné vers la destination universelle des biens. Or, au sein du système capitaliste, la propriété privée est

---

[61] Yvan Pelletier. *La Doctrine sociale de l'Église*. Miméo, Faculté de philosophie, Université Laval Québec. http://doctrinesocialeeglise.org/IMG/pdf/YPelletierDoctrineSocialedel_Eglise.pdf, p. 2-3.

entièrement subordonnée au moi souverain, sans préoccupation d'autrui (Gavignaud-Fontaine, 2009, p. 179). L'homme, en perdant le sens de l'amour du prochain, n'est plus celui qui recherche la vertu auprès de Dieu, mais celui qui, par ses propres moyens, sans l'aide de la transcendance, aspire, dans son seul intérêt, à l'accumulation des richesses.

L'affectation des ressources et l'accumulation privée des richesses s'opèrent par l'entremise du marché. Voilà pourquoi, Caillé (2005, p. 104), il serait illusoire de séparer le capitalisme de la philosophie du marché : « [le] développement du marché – *i.e.* la conjugaison de son autonomisation ([de] son "désencastrement", de sa systématisation et de son universalisation) – et [le] développement du capitalisme signifient une seule et même chose », en ce sens que le système capitaliste serait commandé, régulé et orienté par le seul jeu du marché (Polanyi [1944] 1983, p. 102). La « main invisible », en coordonnant des intérêts privés parfois divergents, permet la régulation de la vie économique et contribue à l'intérêt collectif.

Dans son ouvrage *Droit, législation et liberté*, Friedrich Hayek décrira le marché comme la seule institution capable de réguler l'activité des agents économiques grâce à l'information donnée par le prix, qui commande à la production et la répartition des biens. En d'autres termes, l'interdépendance économique entre tous les hommes, « qui tend à faire du genre humain un seul Monde Uni, n'est pas seulement un effet de l'ordre du marché, elle n'aurait pas été réalisable par d'autres moyens » (Hayek [1976] 1981, p. 136). Dans un tel contexte, l'économie de marché s'est substituée aux institutions non seulement politiques, mais également religieuses, en vue d'organiser la société, comme le souligne Karl Polanyi :

Et de même que le passage à un système démocratique et représentatif supposait un renversement complet de la tendance de l'époque, de même le remplacement du marché régulé par des marchés autorégulateurs constitua à la fin du XVIIIe siècle une transformation complète de la structure de la société.

[Polanyi [1944] 1983, p. 105]

Avant le XVIIIe siècle, le marché était régulé et ancré dans les activités sociales. Même là où il s'est développé, par exemple, dans les systèmes mercantilistes, il a prospéré sous la direction d'une administration centralisée (Polanyi [1944] 1983, p. 102) qui, elle-même, restait étroitement connectée au pouvoir religieux. Une fois le marché émancipé du religieux et de la transcendance divine, le capitaliste s'est jeté « dans les eaux glacées du calcul égoïste » (Max [1848] 1962, p. 22) où l'accumulation de la richesse et le profit auraient entraîné la misère ouvrière.

Voilà pourquoi le socialisme avait pour horizon « l'abolition du régime capitaliste défini comme l'addition de la propriété privée des moyens de production et de l'économie de marché » (Bergounioux et Cohen, 2012, p. 11). Cette réponse du socialisme (issu du marxisme) aux excès du marché capitaliste promeut parallèlement son organisation propre, notamment « la parousie sur terre après la révolution » (Bergounioux et Cohen, 2012, p. 25) du prolétariat[62], dans un cadre épuré des valeurs de l'Église.

---

[62] Alors que l'Église annonce la parousie comme le Déjà-là et le Pas-encore, c'est-à-dire l'avènement glorieux du Seigneur à la fin des temps, et sa venue permanente par la force de l'Esprit Saint, à travers la Parole de Dieu et les sacrements de l'Église, le socialisme (issu du marxiste) prêche sa réalisation, à l'issue des contradictions, dans les rapports sociaux. D'une certaine manière, le socialisme, dans sa vision prophétique qui s'oppose à celle de l'Église, substitue à la

Ce socialisme se diffuse dès le XIXe siècle, dans un monde déjà largement déchristianisé, à la faveur du mouvement d'industrialisation et de la montée en puissance de l'idéologie du marché, qui avaient déjà largement préparé les travailleurs à l'abandon de la religion chrétienne et de sa morale. Au demeurant, ce socialisme trouve son fondement dans les principes du matérialisme dialectique et historique déjà prônés par Karl Marx (1818-1883) :

> *Le mode de production de la vie matérielle [materiell] conditionne le processus de la vie social, politique et intellectuel en général. Ce n'est pas la conscience des hommes qui détermine leur être mais inversement, leur être social qui détermine leur conscience. À un certain stade de leur développement, les forces productrices matérielles [materiell] de la société entrent en contradiction avec les rapports de production présents, ou ce qui n'en est qu'une expression juridique, les rapports de propriété, à l'intérieur desquels elles s'étaient mues jusque-là. De formes de développement des forces productives qu'ils étaient, ces rapports se changent en chaînes pour ces dernières. Alors s'ouvre une époque de révolution sociale.*
>
> [Marx [1859] 2014, p. 63]

Dans la vision marxiste, les antagonistes sociaux résultent d'un déterminisme. L'unité sociale ne sera possible que lorsque l'histoire aura amené à la disparition complète de l'une des deux classes en lutte, capitalistes ou prolétaires. Autrement dit, les événements du monde sont déterminés non par les idées, en particulier la religion et sa morale, mais par des rapports sociaux. En ce sens, ce sont

---

transcendance divine, notamment le Christ et les sacrements, les forces matérielles productrices.

les moyens de production – *l'infrastructure* – qui déterminent les idées – *la superstructure* – (Marx [1859] 2014, p. 63).

L'homme concret serait alors le produit, non de Dieu, mais de sa propre activité et le résultat de son histoire déterminée par les conditions économiques. Cette conception ne voit dans l'être humain qu'une instanciation de la production matérielle. Dès lors, le marxisme s'oppose à la conception précise de la personne humaine, définie par l'Église, comme une créature à l'image de Dieu et comme un être spirituel (Scheler, 2016, p. 95). En outre, il apparait comme un projet d'organisation collectiviste dans lequel la propriété privée est remise en question et où l'homme n'est plus soumis à Dieu, mais dominé par l'économie.

Ainsi le socialisme marxiste, en se fondant uniquement sur les principes matérialistes, prône une collectivité sans aucune autre hiérarchie que celle du système économique à partir duquel l'ordre moral et l'ordre juridique émaneraient. Dans un tel mode d'organisation, la société aurait pour unique mission « la production des biens par le travail collectif et pour unique fin la jouissance des biens terrestres dans un paradis où chacun donnerait selon ses forces et recevrait selon ses besoins » (Pie XI, 1937a, § 12).

La mise en pratique de cette doctrine socialiste, c'est-à-dire son instauration comme système d'État, a lieu dans les pays communistes qui, non seulement, siphonnent à l'Église sa base de fidèles, mais encore s'emparent de sa propriété privée, sa base financière, au nom du collectivisme. Par exemple, l'Église russe fut privée de son dirigeant[63] en même temps qu'elle fut dépouillée de tous ses

[63] Dans la tradition orthodoxe, le tsar est considéré comme l'émissaire de Dieu sur terre. Il possède, à ce titre, plus de prérogatives que n'en a le Pape. Le dernier tsar russe, Nicolas II, sa femme et ses enfants ont

biens et privilèges, par le coup d'État bolchevique d'octobre 1917 (Lecomte, 2009, p. 28). À la suite du décret « Sur la terre » de 1917, promulgué par Lénine, qui abolissait la propriété foncière privée, les terres de l'Église furent concédées aux soviets des députés paysans et aux comités agraires, qui les affermaient aux paysans (Yefimov, 2001, p. 34).

Pour le socialisme d'État, l'Église est l'un des principaux obstacles à l'avenir radieux qu'il préconise, l'avènement d'un paradis terrestre issu de la lutte des classes, et qui ne saurait s'accommoder du paradis céleste des chrétiens. Aussi, le socialisme d'État va se présenter comme une organisation en rupture avec la transcendance divine, tandis que l'Église s'opposera à son totalitarisme, jugé inhumain et répréhensible. Chacun des deux protagonistes souhaite la disparition de l'autre (Lecomte, 2019, p. 27-28) pour rester la seule organisation structurant la société.

Capitalisme comme socialisme substituent à la religion du Dieu vivant, une religion laïque, dotée d'une forme nouvelle de transcendance, dépersonnalisée, qu'elle émane du marché ou de la planification. Ce rejet de Dieu conduit à devoir choisir entre une religion sans règles morales d'un côté, et une religion sans liberté de l'autre. Sur ces bases idéologiques, le capitalisme libéral et le collectivisme marxiste ont fait émerger un monde bipolaire, doté de centres de pouvoir économique et politique antagonistes, et d'une approche divergente de la propriété privée, fondée sur deux visions irréconciliables de la liberté humaine (Jean-Paul II, 1987, § 20).

Aussi, économie planifiée comme économie décentralisée sont perçues par l'Église comme les ferments

---

été exécutés par balles dans la nuit du 16 au 17 juillet 1918, neuf mois après son renversement (Des Cars, 2017).

d'une possible révolution sociale, de par leur capacité à véhiculer des valeurs et des hiérarchies alternatives à celles qu'elle préconise (Fontaine, 2014, p. 18). Dans la pratique, cependant, l'Église estime pourtant que le « socialisme réel », fondé sur le matérialisme de Karl Marx, est encore plus idéaliste que le capitalisme. Là où ce dernier souhaite un total « laisser-faire », prônant une confiance absolue en « la nature » et dans les mécanismes du marché, le socialisme vise à tout réglementer par le biais de la raison humaine. Il entre en contradiction directe avec l'Église en se posant « soit comme vision du monde tendant à l'exclusion de tout transcendant, soit comme proposition [la seule légitime] d'organisation de la vie sociale » (Calvez, 1989, p. 701). En des termes empruntés à l'Association *Économie et Humanisme*, on pourrait dire que :

> *L'homme livré à lui-même dans la jungle capitaliste est peut-être plus heureux encore que l'homme enchainé artificiellement aux autres hommes dans la termitière sociale. On ne guérit pas du chaos par un ordre mécanique extérieur à l'homme.*
>
> [Lebret *et al.*, 1942, p. 13]

Pour autant, la régulation de la société par les seuls mécanismes du marché est vecteur d'inégalités, autres que celles voulues par Dieu, du point de vue des talents, de l'habilité, de l'intelligence, de la santé ou de la force, par exemple (Léon XIII, 1891, § 14). L'Église, ne pouvant l'accepter, va réagir vivement et chercher à réintroduire le religieux et la transcendance divine au sein de la sphère économique.

2. La réponse préconciliaire, de la contestation de l'autonomie à la promotion d'une société chrétienne

Après avoir largement contribué à la régulation du social durant l'ensemble du Moyen Âge, l'Église est entrée dans une période de profonde remise en cause, s'étirant de la Réforme protestante (1517) à la Révolution française (1789). Dans ce contexte où la religion est de plus en plus confinée à la sphère privée, faisant face à une modernité en rupture avec la transcendance, certains Papes prônent le retour à la tradition chrétienne.

C'est le cas des Papes préconciliaires, associés à la tradition conservatrice, se réclamant de droit divin, qui s'opposent à la régulation par le marché et proposent le retour à une « société chrétienne » (Roger, 2012, p. 48) comme remède aux méfaits de l'autorégulation.

2.1. La contestation de la régulation du social sous l'autorité du marché

Selon les Papes préconciliaires, l'économie moderne, en se construisant sur une conception « naturaliste » ou « mécanique », nie tout lien entre la morale religieuse et l'économie. Le motif unique de l'activité sociale est l'intérêt personnel. La loi qui règle les rapports entre les hommes est la libre concurrence. L'intérêt du capital, le prix des biens et services, le profit et le salaire sont exclusivement et automatiquement déterminés par les lois du marché.

L'encyclique *Rerum Novarum* (Léon XIII, 1891), première réaction officielle de l'Église à l'industrialisation croissante et aux antagonismes de classes, donne le ton de l'opposition ecclésiastique au marché autonome et régulateur. Léon XIII y justifie l'intervention de l'Église dans les affaires sociales, afin d'alléger la misère des travailleurs, provoquée par l'industrialisation. Pour autant, il en appelle à l'intervention de l'État en matière économique, dans le but de parvenir à une meilleure distribution de la propriété privée (Léon XIII, 1891, § 25-35), et invite les gouvernants nationaux, hommes intègres et spirituels, à se placer au-dessus des intérêts des différentes classes en conflit, pour contenir les conséquences néfastes de l'économie libérale (Baum et Vaillancourt, 1992, p. 435).

Quarante ans après *Rerum Novarum*, lorsque Pie XI publie son encyclique *Quadragessimo Anno* (Pie XI, 1931), les principes défendus par le Pape Léon XIII, en matière économique et sociale, ont plutôt débouché sur le développement « d'un capitalisme de puissance », au sein duquel les grandes entreprises, les cartels ou les trusts se regroupent dans le but de limiter la concurrence et de préserver leurs marges (Roger, 2012, p. 67). Le retour du protectionnisme, par exemple, opéré depuis les années 1880, a contribué à la croissance de ce capitalisme. La concentration des acteurs économiques, notamment en Europe continentale et aux États-Unis, a donné naissance à de grands groupes nationaux. Les pouvoirs politiques et les agents économiques « se conjoignent pour développer des champions nationaux, dans le cadre de politiques visant à assurer des réserves d'or en associant repli protectionniste et pratique de la vente à perte (dumping) sur les marchés internationaux » (Roger, 2012, p. 67).

Puisque les États mettent « leur puissance politique au service des intérêts économiques de leurs ressortissants » (Pie XI, 1931, § 116), ou encore au profit du libre marché, les pratiques de dumping ont permis aux grands groupes économiques ou financiers de faire du profit, une fois les concurrents évincés du marché. Le contrôle des crédits dans l'économie, écrit le Pape Pie XI (Pie XI, 1931, § 113-114), se fait par de simples dépositaires et gérants de capital, qui administrent à leur gré les fonds et luttent pour le monopole et la puissance. Il y voit une explication à la crise économique qui éclate aux États-Unis en 1929, preuve selon lui que « le capitalisme de puissance », basé sur la libre concurrence, a ses propres limites (Roger, 2012, p. 68).

> *Cette science, supprimant par oubli ou ignorance le caractère social et moral de la vie économique, pensait que les pouvoirs publics doivent abandonner celle-ci, affranchie de toute contrainte, à ses propres réactions, la liberté du marché et de la concurrence lui fournissant un principe directif plus sûr que l'intervention de n'importe quelle intelligence créée. Sans doute, contenue dans de justes limites, la concurrence est chose légitime et utile ; jamais pourtant elle ne saurait servir de norme régulatrice à la vie économique.*
>
> [Pie XI, 1931, § 95]

Ce rejet de l'autonomisation du marché transparait clairement dans les publications du magistère relatives à la question salariale, où le salaire est présenté comme un prix juste, qui ne saurait être librement fixé sur un marché en fonction de l'offre et de la demande. Le Pape Léon XIII, par exemple, estime qu'il doit être suffisant pour que chaque ouvrier puisse subsister dans des conditions dignes, autorisant une vie honnête et un soutien à la famille (Léon XIII, 1891, § 17). À la libre détermination du salaire sur le marché, le Pape oppose une rémunération juste et négociée entre les institutions représentatives – syndicats, d'employeurs comme de salariés – tenant compte des intérêts de chaque partenaire (Laurent, 2004, p. 17).

À la suite de Léon XIII, le Pape Pie XI réitère le principe selon lequel le salaire doit être proportionnel non seulement aux besoins du travailleur, mais également à ceux de sa famille. Autrement dit, le salaire ne doit pas être considéré uniquement sous ses aspects individuels, mais revêt aussi un caractère familial. Il ne doit pas monter trop haut, ni descendre trop bas, en raison de l'intérêt commun : exiger un salaire trop élevé à une entreprise qui n'est pas en capacité de le payer revient à précariser tant l'employeur que le salarié, qui encoure des risques plus importants de chômage. Des exigences salariales inadéquates provoquent ainsi la misère des ouvriers, entament la prospérité des nations et compromettent à la fois l'ordre public, la paix et la tranquillité. Au contraire, un juste salaire doit correspondre à la valeur du travail fourni et rémunéré, « la part des bénéfices devant revenir hypothétiquement à l'ouvrier » (Villain, 1953)[64]. En fixant les salaires en fonction de l'offre et de la demande, sans tenir compte « de[s] nombreux points de vue à considérer » (Pie XI, 1931, § 73), on « s'écarterait assurément de la justice sociale » (Pie XI, 1931, § 81).

Ce juste salaire dépend, en conséquence, de nombreux facteurs, incluant la situation générale de l'économie du pays, ou celle de l'entreprise (Calvez, 1999, p. 21-22). La doctrine de Léon XIII (Léon, 1891) sur le juste salaire, à laquelle se réfère Pie XI (Pie XI, 1931), s'oppose en cela à la loi « d'airains des salaires », soit l'existence de mécanismes d'ajustement automatiques (pour ne pas dire démographiques) permettant au salaire de graviter autour de son niveau naturel (celui permettant la stricte reproduction de la main-d'œuvre)[65].

---

64 Cité par Agostino (1991), p. 99.

65 Voir, par exemple, Procacci (1993), p. 135.

La théorie du salaire naturel exposée par l'encyclique [Rerum Novarum] *diffère radicalement de la loi du salaire naturel des économistes. D'après ceux-ci, le salaire correspond à la subsistance de l'ouvrier et est le prix moyen et normal du travail ; c'est un minimum au-dessous duquel la classe ouvrière disparaît, c'est encore un minimum de fait. La doctrine catholique enseigne un minimum de droit au-dessous duquel commence l'injustice.*

[Antoine, 1921, p. 669]

Si le salaire en vigueur obéit, pour les économistes, à la loi naturelle du marché, la doctrine sociale se réfère à un droit naturel d'un autre ordre, assis sur les conditions de vie générales et ordinaires de la nature humaine. Pour les Papes préconciliaires, il s'agit donc « d'une opposition morale contre la logique d'une détermination mécanique » (Laurent, 2007, p. 195) qui fait reposer la fixation du salaire sur la seule dynamique de la concurrence.

Ce point de vue est relayé par la Congrégation pour la doctrine de la foi, qui soutient l'idée selon laquelle « le puissant moteur de l'économie que sont les marchés n'est pas en mesure de se réguler par lui-même »[66]. Laissés à eux seuls, ils se montreraient incapables de fonctionner dans le respect des règles de cohésion sociale, d'équité, ou de justice sociale, ni de corriger les effets négatifs (en termes

[66] Congrégation pour la doctrine de la foi. « Dicastère pour le service et le développement du peuple, *Oeconomicae et pecuniariae quaestiones*. Considération pour un discernement éthique sur certains aspects du système économique et financier actuel », 6 janvier 2018, § 13. Accessible sur http://www.vatican.va/roman_curia/congregations/cfaith/documents/rc_con_cfaith_doc_20180106_oeconomicae-et-pecuniariae_fr.html#_ftnref28

d'inégalités, de dégradation environnementale, de fraudes, etc.) qu'ils peuvent induire sur la société. Alors que la prise d'autonomie de l'économie vis-à-vis de la morale apportait la promesse d'une réduction de la pauvreté, le capitalisme industriel a, au contraire, créé « une situation d'infortune et de misère imméritée », écrit le Pape Léon XIII (Léon XIII, 1891, § 2).

Au Moyen Âge, la misère et la richesse cohabitaient grâce à la charité. Les pauvres pouvaient vivre grâce à la solidarité et à l'aumône des riches. D'ailleurs, la pratique de la charité était à la fois l'affaire de l'action de l'Église, de l'engagement de laïcs et de l'intervention des pouvoirs publics : « La charité princière ne s'y différencie pas toujours de celle exercée par le commun » (Aladjidi, 2006, p. 350). C'est ainsi qu'entre les XVIe et XVIIIe siècles, l'Angleterre met progressivement en place un arsenal législatif visant à contraindre les paroisses à la prise en charge et au secours des miséreux (Lallement, 2012, p. 48). Cet arsenal inclut, notamment, une série de *Poor laws*[67] et la *loi de Speenhamland*[68] (1795).

---

[67] Les lois sur les pauvres, *Poor laws*, en Angleterre, ont été mises en place de 1536 à 1595. Avec Édouard VI en 1547, les lois sur les pauvres avaient pour objectif de pousser le vagabond au travail volontairement, sinon il le ferait comme esclave. Mais pour ceux qui étaient invalides (les personnes âgées, les infirmes), incapables de travailler, l'acte de Henri VIII en 1531 les autorisait à mendier à des heures et lieux précis, et les pauvres sans domicile devraient retourner chez eux, dans leur paroisse d'origine pour être pris en charge (Gutton, 1974). Mais avec les amendements de la loi d'Élisabeth Ire en 1601, chaque pauvre devrait travailler quel que soit le salaire qu'il pouvait percevoir, et les paroisses s'occupaient de ceux qui étaient au « servage paroissial » – institué en 1762 – les véritables indigents, ceux qui n'auraient pas eu du travail, et ceux qui étaient renvoyés et enfermés dans leur paroisse d'origine.

[68] L'idée principale de la *loi de Speenhamland* était de donner à chacun, pauvre ou non, le « droit de vivre ». Cette loi venait abroger en partie

L'opportunité de conserver ces lois a fait l'objet d'une large controverse à partir de la fin du XVIIIe siècle. Les auteurs de la jeune économie politique naissante, à l'instar d'Adam Smith (1779), Thomas Malthus (1798) et David Ricardo (1817), vulgarisateurs des idées des Lumières (Boutry, 1997, p. 79), militent pour la suppression des lois sur les pauvres et de la pratique de la charité et/ou de l'aumône. Dans une perspective toute libérale, cette assistance matérielle ou financière, ayant pour but de soulager la misère, est accusée d'entretenir la pauvreté plus que d'y remédier, en supprimant toute incitation à en sortir (Larrère, 2010, p. 26). La pauvreté, en ce qu'elle représente « un héritage des temps et des erreurs passés, […] devait donc être éliminée » (Procacci, 1993, p. 109) en même temps que les lois sur les pauvres. Et « aucun projet d'amendement des lois sur les pauvres ne mérite la moindre attention s'il ne vise, à terme, leur abolition », affirme David Ricardo (Ricardo [1817] 1970, p. 77). Ces lois n'auraient fait, selon lui, qu'empirer tant la condition des plus riches, que celle des plus pauvres.

Dans l'esprit de l'économie politique, ces lois constituent une entrave au libre fonctionnement du marché du travail. Dès lors que l'aide aux pauvres offre un

---

la loi des pauvres de 1601, dont l'objectif était que chaque pauvre devrait travailler quel que soit le salaire, et les paroisses s'occuperaient des véritables indigents. Plus précisément, la *loi de Speenhamland* précisait que : « quand la miche d'un gallon de pain d'une quantité déterminée coûtera 1 shilling, alors chaque pauvre et industrieuse personne aura pour son soutien 3 shillings par semaine, fournis soit par son travail ou celui de sa famille, soit par une allocation tirée de l'impôt pour les pauvres (*poor rates*), et pour le soutien de son épouse et de chaque membre de la famille, 1 shilling 6 pence ; quand la miche d'un gallon coutera 1 shilling 6 pence, alors il recevra 4 shillings par semaine, plus 1 shilling 10 pence ; pour chaque penny dont le prix du pain augmente au-dessus de 1 shilling, il aura 3 pence pour lui-même et 1 penny pour les autres » (Polanyi [1944] 1983, p. 114).

complément de revenu permettant au salarié insuffisamment payé d'atteindre son niveau de subsistance, le salaire ne s'ajuste plus efficacement en fonction de l'offre et de la demande du travail, mettant à mal tout mécanisme autorégulateur de gravitation autour du « salaire naturel ». En outre, les employeurs peuvent être incités à sous-payer leurs salariés, comptant sur les institutions en charge de l'assistance publique pour compenser le manque à gagner des travailleurs pauvres. Pendant la période active de la révolution industrielle, de 1795 à 1834, écrit Karl Polanyi (Polanyi [1944] 1983, p. 113), la *loi de Speenhamland* (1795) a retardé la création d'un véritable marché du travail, qui aurait permis de sortir les pauvres de leur misère.

Cependant, la suppression de la solidarité institutionnelle, ainsi que l'abolition de la *loi de Speenhamland* et des lois sur les pauvres en 1834, qui correspondent, selon Karl Polanyi, à l'apparition du marché autonome, n'ont pas donné les résultats escomptés. Le *self-regulated market* (Caillé, 2005, p. 72) a lui-même fait émerger une forme moderne de pauvreté où « la seule part que peut recevoir le travail [est inférieure à] son dû » (Procacci, 1993, p. 133). Ainsi, au XIXe siècle, le travail, assimilé à une marchandise, voyait son prix fixé indépendamment du minimum vital, faisant peser sur les travailleurs la menace constante de la pauvreté et de la famine. Parallèlement, la production restait, quant à elle, soumise à la seule poursuite de profit (Zięba, 2002, p. 118).

Au XXe siècle, les bouleversements engendrés par la logique du marché se sont pleinement manifestés, en Europe comme aux États-Unis, dans les années 1900 à 1920 par la prolifération de la spéculation boursière, puis une décennie plus tard, par un niveau élevé de faillites bancaires, une baisse sans précédent de la production et un accroissement exceptionnel du chômage[69]. Ignorant les signaux d'alerte envoyés par la précédente « crise des banquiers » de 1907, le capitalisme américain était retombé dans ses travers, poussant au suicide de nombreux spéculateurs[70].

Si l'Église dresse un portrait sombre des idées des Lumières, de la logique du marché libre et des conséquences économiques et sociales qu'elle lui attribue, caractérisées par la violence des rapports sociaux, elle ne se pose pas moins en alternative, proposant « sa [propre] doctrine comme un corps de principes et de directives aptes à fournir une explication plus complète des maux, et à orienter dans la recherche des solutions » (Calvez et Perrin, 1961, p. 37). Un retour à une économie ancrée dans la morale religieuse constituerait le remède aux maux créés par le marché autonome. Il permettrait une réelle transition vers une société que d'aucuns nommeraient « chrétienne ».

[69] Aux États-Unis, au cours des années 1931-1932, plus de 5 000 banques firent faillite ; en 1933, près de 3 000. De 1929 à 1933, le produit national brut américain tomba de 104,6 milliards de dollars à 56,1 milliards. L'Angleterre, la France, l'Allemagne et l'Italie virent leur commerce intérieur et extérieur diminuer de 60 %-70 % par rapport à celui de l'année 1928. Sur la même période, le taux de chômage américain augmenta de 3,2 % à 24,9 %, alors qu'en Europe occidentale, les embauches dans l'industrie chutèrent de 18 % en France, et jusqu'à 41 % en Allemagne, par rapport à leur niveau de 1929 (Zięba, 2002, p. 26).

[70] Le jeudi 24 octobre 1929, pas moins de onze hommes d'affaires se suicidèrent à Wall Street (Zięba, 2002, p. 26).

2.2. La promotion d'une société chrétienne sous l'autorité de Dieu

L'idée directrice des Papes préconciliaires, qui émane de l'ecclésiologie du Vatican I (1869-1870), est que « les normes de l'ordre sociétal ont été inscrites par Dieu dans la nature et qu'il appartient à l'Église [seule] d'en déterminer les principes d'organisation » (Roger, 2012, p. 104). Contre ce que le magistère de l'Église appelle « les idées modernes », notamment la morale comme caractère intrinsèque de l'homme et « le naturalisme » qui affranchit l'individu de l'autorité de Dieu et de l'Église[71], le concile Vatican I proclame l'infaillibilité et la primauté du Pape. En d'autres termes, aux nouvelles formes d'organisation moderne de la société, notamment la démocratie – où le pouvoir viendrait du peuple au lieu de Dieu –, et l'économie, qui prône l'autonomie vis-à-vis du religieux, le concile Vatican I oppose l'organisation de la société par l'Église, « une société parfaite », en surplomb par rapport à d'autres organisations sociétales.

L'Église se considère ainsi comme une société proprement dite, visible, hiérarchisée, indépendante, ayant un ordre propre reçu de Dieu, faite non seulement de finalités spirituelles, mais également de moyens visibles, extérieurs (Congar, 1960). Dès lors, les Papes précédant le concile Vatican II partagent cette même vision que les perturbations sociales trouvent leur origine commune en la méconnaissance des lois naturelles de Dieu ou de l'Institution religieuse.

[71] Voir le chapitre 1 : tout au long du XIXe siècle, les Papes, notamment Pie IX dans le *Syllabus* (1864), ont condamné les idées modernes, notamment le rationalisme et « le naturalisme », qui s'étaient émancipées de la tradition catholique.

Le Pape Pie XII, par exemple, dont le pontificat débute quelques mois avant le déclenchement de la Seconde Guerre mondiale, voit dans la déchristianisation de la société la cause probable de ce conflit, avec pour conséquence des maux tels que la persécution des Juifs. Il exprimera son point de vue dans sa lettre du 30 avril 1943, en réponse à l'évêque de Berlin, Von Preysing (1880-1950), qui lui enjoignait de condamner le régime nazi :

> *La sincère volonté du Pape d'aller, en toute impartialité, au-devant de toutes les puissances de ce monde, dans le vaste bouleversant conflit qui les oppose – et en même temps de protéger soigneusement la Sainte Église contre ses conséquences – a rarement constitué pour le Saint-Siège une épreuve aussi lourde que maintenant. Mais le plus préoccupant, ce sont, comme tu le dis très justement, « tous les maux et péchés qui sont la conséquence de la guerre. » L'objective cruauté de la technique de guerre, qui se développe de façon effrénée, rend insupportable la perspective que ce massacre réciproque puisse se poursuivre encore longtemps.*
>
> [Miccoli, 2005, p. 101]

Dans sa réponse, le Pape expose sa réserve à condamner le régime qui massacre les Juifs. Les « premiers silences de Pie XII », selon les termes de Léon Papeleux (Chélini, 1983, p. 105), trouvent leur explication dans l'impossibilité pour lui de condamner le régime nazi sans faire encourir des représailles à la population catholique allemande. En outre, le Pape Pie XII, autrefois nonce apostolique à Munich (1917-1929), parce qu'il les connait bien, pense qu'il ne parviendra pas à troubler la bonne conscience des Allemands, persuadés de leur juste droit et intoxiqués par la propagande nazie. Un dilemme se présente alors à lui :

dénoncer publiquement les agresseurs nazis ou assister du mieux possible les victimes. « Par tempérament et par expérience, Pie XII avait choisi la deuxième voie » (Chélini, 1983, p. 101). Ainsi, lorsque Rome fut occupé par les nazis en 1943, le Saint-Siège multiplia des initiatives pour éviter les bombardements de la ville et pour protéger les Juifs menacés (Miccoli, 2005, p. 261). En outre, face à l'arbitraire humain dont la guerre est la conséquence, le Pape Pie XII oppose « la conscience d'un ordre juridique reposant sur le souverain domaine de Dieu » (Roger, 2012, p. 104), ainsi que le recours à la prière, afin de trouver la force morale nécessaire pour surmonter psychiquement l'impression causée par les actes de la guerre[72].

Tout comme Pie XII, dénonçant la déchristianisation de la société, sans se lever publiquement contre les exterminations nazies de la Shoah, Pie XI est resté silencieux devant le sort des Juifs allemands persécutés avant la Seconde Guerre. Dans son encyclique *Mit Brennender Sorge* (1937) – complétée par le cardinal Pacelli, le secrétaire d'État et futur Pie XII – qui « ne fut pas plus philosémite qu'antinazie » (Demélas, 2000, p. 222), le Pape Pie XI souligne l'égarement « sans cesse du peuple choisi », « loin de son Dieu pour se tourner vers le monde » (Pie XI, 1937b, § 19), et forme l'espoir de voir la société guérie des maux de la guerre, du « régime économique moderne », ou encore du socialisme, qui tous trois tiennent les hommes « éloignés de l'Évangile » (Pie XI, 1931, § 139). Et poursuit-il :

> *Elle ne le sera que par le retour à la vie et aux institutions du christianisme. Lui seul peut apporter un remède efficace à cette excessive préoccupation des*

[72] Ludwig Volk, *Katholische Kirche und Nationalsozialismus. Ausgewählte Aufsätze*, cité par Miccoli (2005), p. 101.

choses périssables, origine de tous les vices. Lui seul, lorsque les hommes sont fascinés et complètement absorbés par les biens de ce monde qui passe, peut en détourner leurs regards et les élever vers le ciel. De ce remède, qui niera que la société ait aujourd'hui le plus grand besoin ?

[Pie XI, 1931, § 140]

L'Église revendique son droit et son devoir d'intervenir en matière sociale et économique parce qu'elle estime avoir un rôle majeur à jouer dans le processus de régulation sociale : sans la morale religieuse, l'économie est vouée à l'échec. C'est pourquoi il lui semble capital de préserver les mœurs chrétiennes et la religion dans le périmètre de la discipline économique. D'ailleurs, depuis l'Antiquité jusqu'aux Lumières écossaises, la société civile des hommes a été guidée par les institutions chrétiennes et la morale religieuse (Léon XIII, 1891, § 22).

L'Église défend l'idée que les vieilles institutions chrétiennes, fondées sur la solidarité, soulageaient la misère plus efficacement que les expédients de la société libérale (Baum et Vaillancourt, 1992, p. 435). Ces institutions caritatives, qui pourvoient au bonheur des classes déshéritées et soulagent leur misère, trouvent leur fondement chez les premiers chrétiens et les apôtres.

Au Moyen Âge, les confréries sont animées par un esprit de *caritas*, considéré comme une concrétisation de l'amour du prochain, qui donne naissance à des formes de bienfaisance individuelle et collective. L'Église crée alors ses propres institutions (telles les aumôneries, ou tels les hospices), qui prêtent assistance aux pauvres, apportent un soutien matériel aux écoles, aux prisons, ou encore aux hôpitaux. Face aux nouvelles formes de vulnérabilité nées de la société industrielle, discutées sous l'appellation de « question sociale », les congrégations religieuses jouent un rôle de premier plan dans leur engagement auprès des établissements de charité, les prisons et les hôpitaux[73]. L'Église montrait ainsi son expérience de charité à l'exemple de son Maître divin.

Ces institutions rencontrent parfois un tel succès que des alternatives civiles sont instaurées pour se substituer à la charité chrétienne. L'Église considère cependant que cette charité chrétienne, dont elle est le garant et « qui se voue tout entière et sans arrière-pensée au bien du prochain, ne peut être suppléée par aucune organisation humaine » (Léon XIII, 1891, § 24), encore moins celle du marché libre. Seule la religion, par le truchement de la morale, constitue « le fondement de toutes les lois sociales » (Pie XI, 1931, § 35), notamment économiques. Aussi, à la fin du XIXe siècle, lorsqu'il est appelé à formuler un jugement sur les controverses liées à la question sociale en Allemagne, le Pape Pie X n'hésitera pas à affirmer que toutes les actions économiques, en accord ou en désaccord avec le droit naturel ou divin, tombent sous le jugement et la juridiction de l'Église (Pie X, 1912, § 3).

Pour se préserver des atteintes du socialisme, les travailleurs allemands catholiques et les protestants étaient regroupés au sein de deux syndicats, confessionnel (catholique) et interconfessionnel (chrétien). Bien que les deux syndicats eussent les mêmes objectifs, ils s'opposaient dans leurs organisations. Les syndiqués catholiques s'organisaient sous la direction de l'Église : chaque section avait un aumônier ecclésiastique qui la dirigeait. Les syndiqués chrétiens, au contraire, attachés au principe de « l'interconfessionnalisme », ne voulaient entendre parler

[73] Voir à ce sujet « Organisations caritatives », 2015, dans *L'Histoire de la sécurité sociale en Suisse*. Accès en ligne sur https://www.histoiredelasecuritesociale. ch/institutions/institutions-cantonales-ou-locales-et-institutions-privees/ organisations-caritatives/

dans leur action professionnelle ni de la foi, ni de la morale catholique. Ils considéraient que leur organisation devait se limiter aux questions économiques (relatives notamment aux conditions du travail et au salaire) et déniaient à l'Église le droit de les diriger sur ces questions (Beauvais, 1913, p. 5-6).

Entre les deux syndicats régnait une certaine rivalité qui devenait de plus en plus ardente. Par exemple, écrit Henri Beauvais, « on a vu les syndicats chrétiens s'unir à des syndicats socialistes pour combattre les associations catholiques » (Beauvais, 1913, p. 6). Dans une telle situation d'animosité entre syndicats chrétien et catholique, il fallait obtenir de Rome une décision qui ramènerait l'union et la paix. Voilà pourquoi, après une étude approfondie de la situation, le Pape Pie X apportera son jugement en ces termes :

> *La question sociale et les controverses qui s'y rattachent relativement à la nature et à la durée du travail, à la fixation du salaire, à la grève, ne sont pas purement économiques et susceptibles, dès lors, d'être résolues en dehors de l'autorité de l'Église, attendu que, bien au contraire, et en toute vérité, la question sociale est avant tout une question morale et religieuse, et que, pour ce motif, il faut surtout résoudre d'après les règles de la morale et le jugement de la religion.*
>
> [Pie X, 1912, § 3]

Les actions professionnelles, quelle que soit l'obédience du syndicat dont elles relèvent, devraient donc, selon Pie X, être soumises à l'autorité de Dieu via son Église. Face au danger que représente le communisme bolchevique et athée (Pie XI, 1937a, § 3), cherchant à soumettre toute décision à l'autorité de l'Église, son successeur Pie XI affirme que « la civilisation chrétienne [est] la seule Cité vraiment humaine », que « l'Église occupe sans conteste une place de choix » (Pie XI, 1937a, § 7), et qu'elle a reçu « la très grave obligation, d'interpréter et de prêcher, en dépit de tout, la loi morale, de soumettre également à son autorité l'ordre social et l'ordre économique » (Pie XI, 1931, § 45).

De manière symétrique, à travers les discours de la doctrine préconciliaire, l'Église se place dans un rapport hiérarchique par rapport au marché, et conteste à celui-ci l'organisation sociale, notamment économique, qui lui revient :

> *Ce qui fait une nation prospère, ce sont des mœurs pures, des familles fondées sur des bases d'ordre et de moralité, la pratique de la religion et le respect de la justice, une imposition modérée et une répartition équitable des charges publiques, le progrès de l'industrie et du commerce, une agriculture florissante et d'autres éléments du même genre, s'il en est, que l'on ne peut développer sans augmenter d'autant le bien-être et le bonheur des citoyens.*
>
> [Léon XIII, 1891, § 26]

Par ailleurs, la régulation de la société par la morale religieuse, contrairement à la régulation par marché, qui a conduit à la misère et au désordre économique, est une source de prospérité pour la nation. « La religion ainsi constituée comme fondement de toutes les lois sociales, il n'est pas difficile de déterminer les relations mutuelles à établir entre les membres pour obtenir la paix et la prospérité de la société » (Pie XI, 1931, § 35). C'est la religion, et non le marché au prisme de la notion d'intérêt, qui établit les relations entre les individus.

Les mœurs chrétiennes président, selon cette logique, à la prospérité et à l'amélioration des conditions économiques. Lorsqu'elles sont prises en compte, elles écartent l'avidité, les voluptés, ou encore les vices, « qui consument, non seulement les petites, mais les plus grandes fortunes, et dissipent les plus gros patrimoines » (Léon XIII, 1981, § 23).

Contrairement aux philosophes du XVIIIe siècle qui, à l'image de Mandeville (Mandeville [1714] 1998), font l'apologie des marchandises de luxe, qu'ils jugent favorables à l'activité économique, les Papes préconciliaires considèrent le luxe comme immoral et source d'effets pervers pour une société. Ils épousent en cela les positions de Jean-Jacques Rousseau (Rousseau [1750] 1971). La recherche du luxe, telle qu'ils la décrivent, entrainerait une accumulation des richesses par les capitalistes au détriment du reste de la population. Les Papes prônent au contraire la frugalité comme ferment de la prospérité nationale, réponse catholique à l'ascétisme protestant décrit par Max Weber dans *L'éthique protestante et l'esprit du capitalisme*[74] (Weber [1904-1905] 2003).

Le capitaliste, en se contentant d'une vie et d'une nourriture simple, en délaissant tout amour excessif pour la richesse, est en mesure de payer au travailleur un salaire suffisant. La frugalité favorise chez les capitalistes une forme de justice, en ce qu'elle débouche sur l'octroi d'un salaire juste, c'est-à-dire égal au travail fourni par l'ouvrier,

[74] Selon la théologie calviniste de « la prédestination », une partie de l'humanité est prédestinée au salut et une autre à la damnation. Mener une vie de bien et la réussite dans le travail sont des moyens et signes de « l'élection ». Forts de cette conception théologique, les fidèles protestants condamnent, d'un point de vue moral, le repos dans la possession, la jouissance de la richesse et ses conséquences – oisiveté, tentations de la chair – risquent surtout de détourner son énergie de la recherche d'une vie sainte. À ce titre, ils prônent l'ascétisme et pratiquent une activité économique efficace, orientée vers l'épargne et vers une accumulation de richesses non ostentatoires, ce qui constitue, pour Max Weber, un certain esprit du capitalisme moderne.

nécessaire à la prospérité économique nationale. Cette prospérité économique, le marché libre comme mode de coordination des activités humaines s'est montré incapable de la garantir. C'est du moins l'argument récurrent employé par la doctrine sociale préconciliaire pour justifier sa volonté de retrouver le rôle régulateur social qu'elle a perdu au cours des siècles[75].

En conclusion, face à la pensée issue des Lumières du XVIIIe siècle et de la Révolution française (1789), l'Église, par le biais de la doctrine préconciliaire, se présente, au sortir de Vatican I, comme une institution hiérarchique indépendante, seule à même de réguler sous l'autorité de Dieu toute la société, en ancrant à nouveau l'économie dans le strict périmètre de la morale. Bientôt, pourtant, le concile du Vatican II va entraîner une ouverture et un basculement de cette position. L'Église se pose alors désormais dans une relation de dialogue avec la modernité. Au sein de cette relation, la doctrine sociale prône la juste autonomie des réalités terrestres et cherche non pas à imposer sa vérité, en opposition à la régulation du système économique par le marché, mais à l'éclairer de sa morale.

3. La dynamique d'acceptation du marché libre par la doctrine sociale de l'Église

La doctrine sociale de l'Église, qui a concentré ses attaques durant tout le XIXe siècle contre les dommages

---

[75] À la suite du Pape Léon XIII, qui expose dans *Rerum Novarum* que le travail ne saurait être considéré comme une simple marchandise, Pie XI constate que les offreurs et les demandeurs du travail s'affrontent sur le marché comme deux armées sur un champ de bataille : ce désordre amène la société à la ruine (Pie XI, 1931, § 90). Et Pie XI de conclure qu'on ne peut attendre du libre jeu de la concurrence, c'est-à-dire par le marché libre, l'avènement d'un régime économique bien ordonné et prospère (Pie XI, 1931, § 95).

hérités de la modernité, va subir, avec le concile Vatican II, une refonte assez profonde, destinée à ouvrir la voie d'un rapprochement en valorisant autant que possible les apports de cette modernité (Bruley, 2004, p. 109). Dans cette tentative de conciliation, Vatican II offre les prémices d'une reconnaissance institutionnelle du marché libre. Il permet ainsi à la doctrine postconciliaire (chez Jean-Paul II, notamment) d'intégrer à sa réflexion les points de convergence entre l'anthropologie chrétienne et la doctrine économique contemporaine, pour ensuite entamer une réflexion qui adjoint les valeurs transcendantes (e.g., pour Benoît XVI, celles de la confiance et de la solidarité), sans lesquelles l'économie ne peut assumer pleinement son rôle de régulation des activités productives.

3.1. Les bienfaits de l'économie ou les prémices d'une reconnaissance du marché libre par le concile Vatican II

Parmi les documents du concile Vatican II, la Constitution pastorale *Gaudium et Spes*, promulguée en 1965 par Paul VI (Paul VI, 1965), traite directement de la doctrine sociale de l'Église, en particulier du rapport de l'Église au monde, sous ses différents aspects. Dans la deuxième partie, relative aux questions urgentes, qui porte un regard sur la vie socio-économique, le concile Vatican II adopte une attitude d'ouverture face à une autonomie de l'économie. Pour les Pères conciliaires, la période de prospérité économique qui s'étend de 1945 à 1975, concomitante à l'expansion des mécanismes du marché, témoigne des bienfaits possibles de l'économie de marché.

Durant cette période, dite des « Trente Glorieuses », l'Église fait face, au sein des pays développés, à une modernité triomphante et au succès de l'économie de marché, qui semble apporter une réponse efficace à la question de la pauvreté (Baum et Vaillancourt, 1992, p. 437-438). Il était alors plus difficile, pour l'Église, de faire entendre un discours qui attribue aux valeurs et aux principes des Lumières, contenus implicitement dans la philosophie du marché, les difficultés rencontrées par les hommes dans leur vie quotidienne (Laurent, 2004, p. 18-19), la contraignant à s'adapter aux évolutions et aux circonstances de cette période.

Le Pape Jean XXIII, cherchant à imprimer sa marque sur « les tendances les plus nouvelles de développement de la vie en société » (Zięba, 2002, p. 35), annonce, le 25 janvier 1959, son intention de convoquer Vatican II. Il affirme que le but principal du concile est de promouvoir le développement de la foi chrétienne et d'adapter la discipline ecclésiastique aux besoins et aux conditions de notre temps (Jean XXXIII, 1959, § 61). Dans son discours inaugural du 11 octobre 1962, il se fait plus précis encore, arguant que la doctrine authentique de l'Église se doit d'être exposée selon les méthodes de recherche et la présentation dont use la pensée moderne[76].

Pendant des décennies, le discours trop dogmatique de l'Église a eu pour effet une baisse sensible de la fréquentation des églises, poussant les chrétiens à se dérober à ses enseignements. Le livre des abbés Henri Godin et Yvan Daniel, *France, pays de mission ?*, révèle l'ampleur de la déchristianisation dans certains milieux (Godin et Daniel [1943] 2014). Le cardinal Suhard (1874-1949), archevêque de Paris, résumait en ces termes le

[76] *Vatican II. L'intégralité*, Édition bilingue révisée avec tables biblique et analytique et index des sources, Paris, Bayard, 2002, p. XV.

dilemme qui se posait à l'Église : « se raidir pour tout sauvegarder » ou bien « s'incarner pour tout conquérir »[77].

Dans l'esprit d'Angelo Giuseppe Roncalli, futur Jean XXIII, l'Église se doit de procéder à une actualisation de sa doctrine. Imprégné de son contact fraternel avec le christianisme orthodoxe lorsqu'il était délégué apostolique en Bulgarie (1925-1934), fort de son expérience de délégué et administrateur apostolique en Turquie et en Grèce (1934-1944), période durant laquelle il constate le mouvement de sécularisation, empli de l'optimisme théologique et historique du cardinal Suhard qu'il rencontre à Paris lors de son séjour comme nonce apostolique (1944-1952) (Alberigo, 1997), le nouveau Pape, élu depuis quatre ans, délègue aux Pères conciliaires la tâche de réaliser l'*aggiornamento*[78] de l'Église, et de favoriser son adaptation à la modernité, une adaptation non seulement politique[79], mais également économique.

Aussi, grâce aux voix dissonantes des évêques des pays industrialisés, notamment ceux des régions situées le long du Rhin, et au soutien des épiscopats progressistes américains, qui y exercent un véritable leadership, Vatican II modifie profondément la relation qu'entretient l'Église avec le monde moderne. Durant les quatre sessions du concile, les évêques progressistes d'Europe de l'Ouest et

---

[77] Paroisses Saint-Joseph IM et Saint-Philippe (Marseille, 6e arrondissement), « Exposition sur le Concile Vatican II ». Accessible sur https://marseille.catholique.fr/IMG/pdf/presentation__tableau.pdf

[78] Mot italien choisi par le Pape Jean XXIII pour désigner la mise à jour des structures, des orientations, du langage et des formes d'action du catholicisme.

[79] Voir Baum et Vaillancourt (1992) qui montrent comment le concile Vatican II est un effort de la part de l'Église catholique pour répondre aux défis et aux attentes de la modernité, notamment dans son aspect sociopolitique.

d'Amérique ne cesseront d'exercer leur influence sur les politiques que l'Église se devrait d'adopter (Baum et Vaillancourt, 1992, p. 437).

La norme ainsi adoptée consiste désormais à se projeter dans « la vie économico-sociale » dans le respect des principes édictés par le Christ (Paul VI, 1965, § 46), chercher les aspects positifs de la culture contemporaine en s'ouvrant au dialogue avec la modernité. L'Église ne cherche plus à imposer sa vérité, ni à s'imposer comme régulateur de l'ensemble des aspects du social, mais à éclairer les différents problèmes, notamment économiques, « à la lumière de l'Évangile, et en mettant à la disposition du genre humain la puissance salvatrice de l'Église » (Paul VI, 1965, § 3). En ce sens, elle n'est plus « la référence centrale » (Roger, 2012, p. 145), elle n'est plus l'institution hiérarchique et juridique vantée par l'ecclésiologie du concile de Trente (1545-1563) ou du Vatican I (1869-1870), elle n'est plus l'appareil coercitif destiné à structurer la société. Elle devient pastorale, une Église qui accompagne, entre en dialogue avec l'ensemble des sciences, et reconnaît la juste autonomie des activités terrestres vis-à-vis du religieux. Cette prise de position du concile Vatican II, en reconnaissant l'autonomie des sciences, marque un tournant dans son opposition à l'émancipation de l'économie vis-à-vis de la morale.

« Les réalités profanes et celles de la foi trouv[a]nt leur origine dans le même Dieu » (Paul VI, 1965, § 36), il serait vain de vouloir les opposer. Pour cette même raison, l'homme ne saurait disposer du temporel sans référence aucune à la morale et à son créateur :

L'activité économique, conduite selon ses méthodes et ses lois propres, doit s'exercer dans les limites de l'ordre moral, afin de répondre au dessein de Dieu sur l'homme.

[Paul VI, 1965, § 64]

Si la doctrine sociale préconciliaire s'est toujours opposée à l'émancipation de l'économie vis-à-vis de la morale, en ce qu'elle laisserait la régulation du social aux seules forces du marché, le concile du Vatican II, confronté au succès du capitalisme, est contraint de réagir de manière plus contrastée (Baum et Vaillancourt, 1992, p. 443). Il manifestera son optimisme pour les pays pauvres, dans une époque caractérisée par des changements importants, non seulement dans le domaine des sciences et techniques, mais également dans le domaine social. L'économie crée une interdépendance croissante entre les différents peuples, par le biais du développement des échanges, et parvient à réduire significativement les écarts de développement entre pays du Nord et du Sud. L'organisation des échanges de biens et services – en d'autres termes, la loi de l'offre et de la demande – a fait du marché un instrument apte à satisfaire les besoins humains. Pour autant, Vatican II n'en souligne pas moins les contradictions de ce progrès et de cette autonomisation de l'économie, qui s'accompagnent d'une « emprise croissante de l'homme sur la nature […] et [de] la fréquence accrue des interventions du pouvoir politique » (Paul VI, 1965, § 63).

Face aux effets de bord de l'économie de marché, Jean XXIII, dans son encyclique *Mater et Magistra* (Jean XXIII, 1961), prône l'avènement d'une « justice distributive » (Zięba, 2002, p. 35) : la prospérité économique née du marché permet d'envisager que les inégalités économiques soient réduites grâce à une plus juste répartition des fruits de la croissance. À l'instar du Pape, les Pères conciliaires « sont profondément persuadés que les techniques nouvelles et les ressources économiques accrues dont dispose le monde pourraient et devraient corriger ce funeste état de choses » (Paul VI, 1965, § 63) que représentent les disparités entre les individus ou les pays. Aussi, dans la perspective de voir se réduire les inégalités, « Vatican II a[-t-il] envisagé avec un certain espoir l'extension du modèle occidental dans le monde entier » (Baum et Vaillancourt, 1992, p. 443).

Cette position fait écho au discours en vogue chez les économistes de l'après-Seconde Guerre mondiale, convaincus pour certains que le sous-développement des pays pauvres provenait d'un « ensemble d'obstacles et de retards dans la diffusion irréversible et universelle du modèle occidental » (Feix, 2008, p. 2). Une explication alternative fait, de la domination économique subie par les pays du Sud, la cause principale de ce sous-développement. Il procèderait d'un échange inégal entre des matières premières exportées et des produits industrialisés massivement importés, qui aurait conduit à une détérioration continue des termes de l'échange et à un appauvrissement relatif de ces pays (Feix, 2008, p. 3).

Le Pape Paul VI, qui succède au Pape Jean XXIII, sera marqué par ces différentes réflexions sur le sous-développement, ainsi que par les différents voyages qu'il effectue en Amérique latine (1960), en Afrique (1962), en Terre Sainte et aux Indes (1964)[80]. Il y constate un accroissement des écarts avec les pays riches qui, à cette même époque, s'en sont remis à l'économie de marché et connaissent une croissance soutenue. Si les pays nouvellement décolonisés jouissent d'une indépendance

---

[80] Voir, par exemple, sa lettre encyclique *Populorum progressio* (Paul VI, 1967, § 4).

politique de droit, leurs relations économiques avec les pays développés restent régies par les seules règles du marché, qui les maintiennent sous le joug d'une véritable dépendance de fait, se traduisant par une aggravation des inégalités entre pays riches et pays pauvres (Roger, 2012, p. 180).

Aussi, le Pape Paul VI pose-t-il la question de l'émergence et du développement des pays les moins avancés (Feix, 2007, p. 10), une question déjà abordée par Jean XXIII dans *Mater et Magistra* (Jean XXXIII, 1961). Paul VI, qui achève le concile Vatican II et se voit chargé de la mise en application de ses recommandations, décide donc d'y revenir dans son encyclique *Populorum progressio* (Paul VI, 1967).

S'inscrivant dans une démarche inductive, il y analyse la situation concrète des pays du Sud, à la lumière de l'Évangile : selon lui, le développement doit être pensé dans sa globalité, sans se limiter aux aspects matériels, afin d'y inclure également la composante spirituelle de la personne humaine. Ce développement personnel peut appeler à une certaine régulation de l'économie de marché : « Sans abolir le marché de concurrence, il faut le maintenir dans des limites qui le rendent juste et moral, et donc humain » (Paul VI, 1961, § 61).

Pour le Pape Paul VI, la volonté d'humaniser l'économie de marché passe par l'organisation d'un commerce équitable entre les pays et la suppression des concurrences faussées. C'est pourquoi il met en évidence les déséquilibres dus au fonctionnement du marché, en particulier les variations des prix des matières premières et des produits agricoles, lesquelles variations frappent souvent les pays pauvres :

> *Les nations hautement industrialisées exportent en effet surtout des produits fabriqués, tandis que les économies peu développées n'ont à vendre que des produits*

agricoles et des matières premières. Grâce au progrès technique, les premiers augmentent rapidement de valeur et trouvent un marché suffisant. Au contraire, les produits primaires en provenance des pays sous-développés subissent d'amples et brusques variations de prix, bien loin de cette plus-value progressive.

[Paul VI, 1967, § 57]

En mettant à nu les distorsions croissantes du commerce international, au regard de la fixation de prix et de ses effets négatifs sur les pays pauvres, le Pape Paul VI ne remet pas en question les mécanismes de marché. Il en condamne plutôt les effets induits lorsque le marché n'est pas régulé (Feix, 2007, p. 44) :

C'est dire que la règle de libre-échange ne peut plus – à elle seule – régir les relations internationales. Ses avantages sont certes évidents quand les partenaires ne se trouvent pas en conditions trop inégales de puissance économique : elle est un stimulant au progrès et récompense l'effort.

[Paul VI, 1967, § 58]

Les avantages du libre-échange sont certes évidents. Néanmoins, le Pape Paul VI souhaite que le consentement des parties – pays riches comme pays pauvres – soit en situation d'égalité pour garantir la justice du contrat. En outre, il appelle les États à corriger les distorsions par des interventions financières, fiscales ou sociales. C'est de cette façon que l'économie de marché sera humanisée et deviendra un réel facteur de développement économique pour les pays pauvres. Ce processus doit passer, dans ces pays, par un rééquilibrage des activités productives au profit du secteur secondaire, seul apte, selon lui, à limiter les effets de l'échange inégal subis par les pays du Sud : « L'introduction de l'industrie est à la fois signe et facteur de [ce] développement » (Paul VI, 1967, § 25). Signe en ce qu'elle caractériserait un stade plus avancé du développement économique. Facteur en ce qu'elle représenterait la condition *sine qua non* d'une réduction effective des inégalités. À cet égard, l'économie de marché pourrait se révéler porteuse de certaines valeurs morales mises en lumière dans la doctrine sociale postconciliaire.

3.2. Les points de convergence entre l'anthropologie chrétienne et la doctrine économique contemporaine

En reconnaissant les bienfaits de l'économie de marché, le magistère conciliaire ouvre la voie à une adhésion au système socio-économique contemporain, dont il perçoit les aspects positifs. Le Pape Jean-Paul II prolonge cette ouverture en considérant le marché libre comme un instrument efficace pour la répartition des ressources, un régulateur au sein du système économique. À ses yeux, le marché libre mettrait à l'honneur l'anthropologie chrétienne et serait plus apte que le communisme à satisfaire les besoins matériels de l'homme.

Pour autant, la situation économique a fortement changé depuis la doctrine conciliaire, notamment depuis l'encyclique *Populorum progressio* de Paul VI. Le Pape Jean-Paul II, pendant son long pontificat de vingt-sept ans, a pu assister aux deux chocs pétroliers de 1973 et 1979-1980, qui ont définitivement sonné le glas de la prospérité économique des Trente Glorieuses. La croissance économique a fortement ralenti, non seulement dans les pays riches, mais aussi dans les pays pauvres. Au sein des pays de l'OCDE, la croissance est passée de 5,4 % sur la période 1960-1972 contre 2,2 % sur la période 1974-1980. Pour les pays d'Afrique subsaharienne, elle tombe à 0,2 % entre 1970 et 1980 (Roger, 2012, p. 237-238). Dès lors, les écarts entre les pays riches et pauvres se sont à nouveau accrus.

Jean-Paul II est également témoin de l'affaiblissement progressif du bloc soviétique, et dont la chute du mur de Berlin en 1989 viendra sceller la dislocation. Par ses prises de parole, durant ses voyages en Pologne (1979, 1983, 1987) notamment, il a su œuvrer activement à l'effondrement des régimes reposant sur la doctrine marxisme, décrits comme des parenthèses totalitaires, empreintes d'une atteinte continue aux droits de la personne, qu'il convenait de refermer (Naudet, 2020, p. 120).

Il justifie l'effondrement du bloc soviétique et de l'économie planifiée comme la conséquence d'une mauvaise anthropologie, qui considère l'individu comme une part négligeable, un élément atomistique de l'organisation sociale et des mécanismes économiques, auxquels il est subordonné. Les conséquences de cette anthropologie sont le refus de la propriété privée et des libertés fondamentales de l'homme, qui lui sont ôtées, et sa dignité bafouée (Jean-Paul II, 1991, § 13). Dès lors, remettre la personne humaine au cœur de l'économie deviendra le fil rouge des trois encycliques du Pape Jean-Paul II : *Centesimus Annus* (Jean-Paul II, 1991), rédigée à l'occasion du centenaire de *Rerum Novarum*, *Sollicitudo Rei Socialis* (Jean-Paul II, 1987) écrite à l'occasion du vingtième anniversaire de l'encyclique *Populorum Progressio*, mais surtout *Laborem Exercens* (Jean-Paul II, 1981).

Jean-Paul II enracine ses propositions sociales, notamment sur le marché libre, dans son anthropologie de « la personne agissante » et de la « subjectivité créative » (Simon, 1999, p. 196). Déjà, dans sa lettre encyclique *Laborem Exercens*, il faisait remarquer que « le premier fondement du travail est l'homme lui-même, son sujet »

(Jean-Paul II, 1981, § 6). Pour cela, l'homme est le seul sujet du travail car il est le seul à être capable de décision et de création. Du point de vue du philosophe, Jean-Paul II voit en l'homme « l'homo creator » ; du point de vue du théologien, il le considère comme « l'imago Dei » (Jean-Paul II, 1981, § 4). Puisque l'homme créateur est fait à l'image de son Créateur divin, il est nécessairement doté d'un droit inaliénable à l'initiative créatrice. En d'autres termes, l'esprit de créativité de l'homme reflète l'action même de son Créateur (Calvez, 1999, p. 81-82). Cette anthropologie chrétienne est mise en lumière dans le marché libre. Autrement dit, le marché libre met l'homme au cœur de ses mécanismes. Ce sont la créativité et l'intelligence de l'homme qui caractérisent les marchés. Et ceux-ci sont guidés par les choix et les besoins des consommateurs qui s'y manifestent : « Les consommateurs sont les rois et les reines de l'économie de marché et, en fin de compte, ils règnent en maitre sur les entreprises et leurs employés »[81].

Au sortir de la chute du mur de Berlin, Jean Paul II, dans *Centesimus Annus*, identifie « la violation des droits du travail » (Jean-Paul II, 1991, § 23), ou encore « la violation des droits humains à l'initiative, à la propriété privée et à la liberté dans le domaine économique » (Jean-Paul II, 1991, § 24), comme le facteur décisif de l'échec du communisme dans les pays de l'Est, en ce qu'il contrevient inéluctablement à l'efficacité du système économique. Le communisme s'accompagne, par ailleurs, d'une idéologie qui exclut toute dimension morale, un « vide spirituel » (Jean-Paul II, 1991, § 24) réduisant l'homme à la place qu'il occupe dans les rapports de production, et les relations

---

[81] Perry Mark J. 2002. "Consumer, Not Corporate, 'Greed' Is Ultimately Behind Layoffs." Midland : Mackinac Center for Public Policy. Accessible en ligne https://www.mackinac.org/V2002-03

sociales à la seule sphère économique. Cette absence de Dieu aurait largement contribué à l'échec du socialisme. Jean-Paul II voit dans la réussite du modèle d'organisation capitalisme un retour de la personne humaine au centre de la réflexion socio-économique. Est-ce à dire pour autant qu'il le considère comme la seule alternative après l'effondrement du socialisme ?[82]

> *La réponse est évidemment complexe. Si sous le nom du capitalisme, on désigne un système économique qui reconnait le rôle fondamental et positif de l'entreprise, du marché, de la propriété privée et de la responsabilité qu'elle implique dans les moyens de production, de la libre créativité humaine dans le secteur de l'économie, la réponse est surement positive, même s'il serait peut-être plus approprié de parler « d'économie d'entreprise », « d'économie de marché », ou simplement « d'économie libre ». Mais si par capitalisme on entend un système où la liberté dans le domaine économique n'est pas encadrée par un contexte juridique ferme qui la met au service de la liberté humain intégrale et la considère comme une dimension particulière de cette dernière, dont l'axe est d'ordre éthique et religieux, alors la réponse est nettement négative.*
>
> [Jean-Paul II, 1991, § 42]

[82] « La question sous-jacente à laquelle on le pressait de répondre depuis la Pologne, la Tchécoslovaquie, la Hongrie, le tiers-monde et bien d'autres lieux : après l'effondrement du socialisme, que proposez-vous ? », Patrick Simon, traduction du chapitre IV du livre de Novak : *L'éthique catholique et l'esprit du capitalisme*, dans Simon, 1999, p. 208.

S'il ne peut ignorer la primauté absolue que le capitalisme réserve au capital et à la propriété privée des instruments de production, il souligne néanmoins que cette propriété ne se limite pas à ses aspects matériels, mais inclut également la connaissance, les techniques et le savoir (Jean-Paul II, 1991, § 32). Dans cette logique, l'homme ne se réduit plus à sa seule force de travail, il se libère de sa condition d'exécutant pour devenir la principale ressource de l'entreprise, capable d'initiative et de créativité.

Cette prise de position du Pape Jean-Paul II sur le capitalisme est une idée neuve. Elle constitue un pas décisif vers l'acceptation de l'économie de marché que l'Église avait eu tant de mal à accepter. La doctrine sociale s'était jusque-là contentée de défendre l'Institution contre l'abolition de la propriété privée par le socialisme, ou encore de dénoncer les méfaits de la concurrence du marché. Les aspects positifs de l'économie de marché avaient été reconnus plus ou moins franchement par le Pape Jean XXIII, le concile Vatican II, ou le Pape Paul VI. Avec le Pape Jean-Paul II, « la doctrine sociale reconnaît le caractère positif du marché » (Jean-Paul II, 1991, § 42) à travers les exemples des économies d'après-guerre, où les mécanismes de marché ont permis de garantir la stabilité monétaire, tout en favorisant les conditions d'une croissance économique stable et saine, favorable au travail, et garante du bien-être des individus. Sur un plan purement matérialiste, la société de consommation et le marché libre l'ont emporté sur le marxisme. Bien qu'excluant également les valeurs spirituelles (Jean-Paul II, 1991, § 19), ils se sont montrés capables d'obtenir une satisfaction des besoins matériels de l'homme plus complète.

À l'instar de Kenneth J. Arrow, les économistes, invités à tenir un séminaire au Vatican le 5 novembre 1990, laissent présager de la position que tiendra le Pape dans son encyclique publiée l'année suivante. À en croire le prix

Nobel de 1972, les échecs des économies planifiées ont renforcé l'idée que l'efficacité du marché est un outil puissant pour le progrès social et l'amélioration du statut économique de tous, y compris des pauvres (Arrow, 2011, p. 36). Le marché libre est un bon instrument, pense également Jean-Paul II, parce qu'il permet une meilleure répartition des ressources, favorise l'échange des marchandises, mais surtout place au centre de l'intérêt la volonté et la préférence de la personne humaine (Jean-Paul II, 1991, § 40). Le Pape, qui insiste sur « cette convergence essentielle (mais naturellement limitée) de l'anthropologie chrétienne avec l'anthropologie à l'honneur dans les institutions du marché libre » (Zięba, 2002, p. 157), se refuse cependant à tout blanc-seing :

> *Il semble qu'à l'intérieur de chaque pays comme dans les rapports internationaux, le marché libre soit l'instrument le plus approprié pour répartir les ressources et répondre efficacement aux besoins. Toutefois, cela ne vaut que pour les besoins « solvables », parce que l'on dispose d'un pouvoir d'achat, et pour les ressources qui sont « vendables », susceptibles d'être payées à un juste prix. Mais il y a de nombreux besoins humains qui ne peuvent être satisfaits par le marché.*
>
> [Jean-Paul II, 1991, § 34]

L'économie de marché n'est donc pas reconnue comme un système de régulation de l'ensemble du social, mais un instrument de la régulation de la seule sphère économique, par le truchement des prix :

> *Le Pape veut bien reconnaître un certain mérite au marché dans une dimension technique, mais il ne le croit*

pas apte à réguler l'ensemble de la vie politique et sociale. Jean-Paul II exprime ses plus extrêmes réserves sur la possibilité qu'aurait le marché laissé à lui-même – le marché libre comme aiment à le démontrer les idéologues libéraux – à satisfaire l'ensemble des besoins les plus élémentaires de l'homme, par exemple, sa conservation, condition du respect de sa dignité.

[Laurent, 2007, p. 283]

Tout en reconnaissant au marché la fonction d'instrument de régulation privilégié, sinon irremplaçable, au sein du système économique, la doctrine sociale de l'Église met en évidence la nécessité de l'ancrer dans des finalités morales qui assurent, et en même temps circonscrivent, de manière adéquate, l'espace de son autonomie. Le *Compendium de la doctrine sociale de l'Église*, rédigé à la demande du Pape Jean-Paul II par le Conseil pontifical « Justice et Paix » en 2004[83], réaffirmera l'idée selon laquelle la personne humaine est le sujet et la finalité du marché libre (§ 349).

La régulation par le marché est donc limitée aux seuls biens pouvant faire l'objet d'une transaction. En sont exclus tout un ensemble de biens qui, par leur nature, ne peuvent, ni ne doivent être vendus ou achetés (Jean-Paul II, 1991, § 40) : les biens présentant un caractère collectif, environnemental, ou humain, sont autant de besoins qui ne peuvent être satisfaits par les mécanismes du marché. Des sentiments tels que l'amour ou l'amitié ne peuvent donner lieu au commerce. Des aspirations à la spiritualité, à la vie intérieure profonde ne peuvent être satisfaites que

[83]https://www.vatican.va/roman_curia/pontifical_councils/justpeace/documents/rc_pc_justpeace_doc_20060526_compendio-dott-soc_fr.html

gratuitement (Simon, 1999, p. 137). Enfin, quand l'échange est possible, l'existence d'un prix juste, garant de la solvabilité des besoins, reste un prérequis. La régulation par le marché « ne vaut que pour les besoins solvables, parce que l'on dispose d'un pouvoir d'achat, et pour les ressources qui sont vendables, susceptibles d'être payées à un juste prix » (Jean-Paul II, 1991, § 34).

En 1954 déjà, dans leur article « Jalons pour une économie des besoins », le Père Lebret, un des membres fondateurs de l'Association *Économie et Humanisme*, et G. Célestin limitaient le pouvoir du marché aux seuls biens vendables. Voici comment ils en présentaient les contours :

> *En fait, la demande ne correspond qu'aux besoins solvables et non aux besoins réels. Une économie réglée uniquement par l'offre et la demande répond à la formule « à chacun selon ses moyens. » Par-là, elle se trouve en deçà des exigences de l'humanité, à son point actuel de conscience et d'aspiration.*
>
> [Lebret et Célestin, 1954, p. 1-2]

Pour l'Association *Économie et Humanisme*, comme pour le Pape Jean-Paul II, les individus ne peuvent se procurer par le marché que les biens pour lesquels ils ont une capacité de paiement suffisante.

S'appuyant sur « les exigences écologiques » (Jean-Paul II, 1991, § 37) du Pape Jean-Paul II, le Pape François considère l'environnement comme faisant « partie de ces biens que les mécanismes du marché ne sont pas en mesure de défendre ou de promouvoir de façon adéquate » (François, 2015, § 190). Dans cette logique, les défaillances du marché, liées aux externalités négatives – pollution, destruction de l'environnement, etc. –, remettent en cause l'application des théorèmes de l'économie du bien-être, notamment du premier, garant de l'optimalité de l'équilibre : « L'action du pollueur affecte directement – et non indirectement au travers d'effets qui transitent via le marché – le bien-être et/ou les conditions de production des autres agents économiques » (Guesnerie, 2013, p. 62).

Il faut donc se garder du danger qui consiste à accepter un comportement idolâtrique envers le marché (Jean-Paul II, 1991, § 40), prévient Jean-Paul II, qui met en garde contre la généralisation radicale du principe du « laisser-faire » de la doctrine libérale élaborée aux XVIIIe et XIXe siècles. « L'activité économique, en particulier celle de l'économie de marché, ne peut se dérouler dans un vide institutionnel, juridique et politique » (Jean-Paul II, 1991, § 48). Il épouse, sous de nombreux aspects, les propos déjà développés par Adam Smith, dans *la Richesse des Nations*, sur les trois devoirs du souverain. Outre la nécessité de garantir la propriété privée, les libertés individuelles et la sécurité de jouir du fruit de son travail, l'État se voit également confier la prise en charge des externalités et la fourniture des biens publics, dans un but de pallier les déficiences du marché. Jean-Paul II inclut aussi dans les devoirs du souverain les questions de redistribution (De Grauwe, 2015, p. 87), rompant ainsi partiellement avec le credo libéral. De manière assez surprenante, le Pape fait également siennes les théories de la nouvelle économie politique quant aux divergences possibles des intérêts des élites et de ceux de leurs administrés :

L'un des principaux obstacles au développement et au bon ordre économiques est le défaut de sécurité, accompagné de la corruption des pouvoirs publics et de la multiplication de manières impropres de s'enrichir et de réaliser des profits faciles en recourant à des activités illégales ou purement spéculatives.

[Jean-Paul II, 1991, § 48]

Sans doute, l'économie de marché a-t-elle du succès si les agents économiques, comme consommateurs et comme producteurs, se sentent en sécurité. Les producteurs, par exemple, n'investissent que s'ils ont la garantie de pouvoir conserver le fruit de leur travail, sans en être spoliés ou privés d'une quelconque façon. Le respect des contrats et des promesses, de la propriété privée, l'honnêteté dans les affaires et le refus de la tricherie sont des préalables au bon fonctionnement du marché (Simon, 1999, p. 19), qu'un État immun à tout intérêt de classe ou à toute considération individuelle doit être en droit de protéger.

Dans cette logique, le Pape Jean-Paul II affirmera que les possibles inefficiences du système économique tiennent moins à des mécanismes (techniques) intrinsèques qu'au vide spirituel créé par l'athéisme (Jean-Paul II, 1991, § 24), l'absence de repères, de racines et de valeurs morales (Simon, 1999, p. 20). Il en conclut que l'économie de marché ne saurait réguler à elle seule la vie économique sans référence aux valeurs transcendantales, sans une exigence éthique qui viendrait moraliser tant les mécanismes de marché que les structures étatiques.

3.3. Les valeurs morales de solidarité et de confiance à la rescousse du marché libre

À la suite du Pape Jean-Paul II, les Papes Benoit XVI (2005-2013) et François (2013-) vont réaffirmer les vertus et les bienfaits du marché, même si, pour eux, ceux-ci ne se limitent pas au couple marché-État, mais se mesurent à l'aune de l'éthique chrétienne. Bien que partiellement mis à l'honneur au sein de l'économie de marché, les éléments de l'anthropologie chrétienne y restent trop limités. Le souhait de Benoit XVI (2005-2013) est d'y adjoindre également les valeurs transcendantes, notamment la confiance et l'esprit de don. « Sans formes internes de solidarité et de confiance réciproque, [pense-t-il,] le marché ne peut pleinement remplir sa fonction. Aujourd'hui, c'est cette confiance qui fait défaut » (Benoît XVI, 2009, § 35).

En effet, au moment où le Pape Benoît XVI publie sa lettre encyclique *Caritas in Veritate* (2009), à l'occasion du quarantième anniversaire de *Populorum progressio*, la situation économique au niveau mondial n'est plus celle qui prévalait vingt ans plus tôt, au moment de la publication de *Centesimus Annus*. Après la chute du bloc communiste en 1989, l'échec de l'économie planifiée des pays socialistes et la supériorité de l'économie de marché semblaient être avérés. Nombre de pays, notamment postcommunistes, ayant adopté l'économie de marché, s'étaient engagés dans un vaste mouvement de globalisation et de libéralisation. Ce mouvement avait été rendu possible non seulement par de faibles coûts de transport, une facilité d'accès aux moyens de communication, en particulier aux réseaux informatiques et à Internet, mais aussi par « la volonté des États de promouvoir un mouvement général de libéralisation des échanges » (Roger, 2012, p. 281).

Cependant, la globalisation de cette fin de XXe siècle ne touchait pas seulement les échanges entre les pays : elle impactait directement leurs modes de production. L'ouverture commerciale s'est accompagnée d'une vaste libéralisation financière. Pendant les années 1980 et 1990, les États n'ont eu de cesse d'adopter des politiques de déréglementation et de libéralisation en vue de favoriser la concurrence et de limiter les contraintes entravant les initiatives économiques. Dans ce « marché devenu mondial » (Benoît XVI, 2009, § 25), les producteurs des pays riches ont accru leurs choix de localisation (et de délocalisation) en fonction du coût de la main-d'œuvre et des matières premières, permettant de maintenir des prix bas pour le consommateur. Parallèlement, la compétition des États sur le marché mondialisé les a conduits à proposer une fiscalité avantageuse et une dérèglementation du marché de travail pour attirer les entreprises.

Si cette mobilité croissante des capitaux et des moyens de production, matériels comme immatériels, a facilité les projets d'investissement et leur financement sur la scène internationale (Benoît, 2009, § 24), accélérant le développement des pays du Sud, tel que souhaité par le Pape Paul VI dans *Populorum progressio*, elle s'est inextricablement accompagnée de son lot de déséquilibres économiques et sociaux (Benoît XVI, 2009, § 21) : l'accroissement des inégalités au sein des pays, l'apparition de nouvelles formes de pauvreté viennent contrebalancer les effets positifs de la concurrence et de la croissance mondiale sur la satisfaction des besoins des consommateurs (via, notamment, la modération des prix) et la diffusion du progrès technique.

Laissée à elle-même, c'est-à-dire séparée « d'influences à caractère moral » (Benoît XVI, 2009, § 34), ou « de l'agir politique » (Benoît XVI, 2009, § 36), l'économie de marché « est une cause des graves déséquilibres » (Benoît XVI, 2009, § 36). Pour le Pape Benoît XVI, ces déséquilibres sont, par exemple, « les effets délétères sur l'économie réelle d'une économie financière mal utilisée et, qui plus est, spéculative, les énormes flux migratoires, souvent provoqués ensuite gérés de façon inappropriée, l'exploitation anarchique des ressources de la terre » (Benoît XVI, 2009, § 21). Tous ces effets sont donc les conséquences de ce qu'il nomme « le péché des origines » (Benoît XVI, 2009, § 34), notamment le refus de la transparence, la cupidité apprêtée au gain toujours insatisfait (Madelin, 2013, p. 88), et « l'absolutisme de la technique » (Benoît XVI, 2009, § 37). Insistant sur l'extrême sophistication des instruments de l'économie et la finance, il dénonce ces montages, cause profonde de la crise des Subprimes de 2008, destinés « à tromper les épargnants » (Benoît XVI, 2009, § 65) aux seules fins de profit.

Pour le Pape Benoît XVI, la crise financière et la situation économique qui en découle nous offrent l'opportunité de nous questionner avec discernement sur nos propres valeurs, de les renouveler en profondeur et de redécouvrir les valeurs fondamentales prônées par l'Église (Benoît XVI, 2009, § 21), celles de la solidarité et de la confiance notamment, nécessaires à une bonne régulation de l'économie par le marché. À l'en croire, ce manque de confiance serait l'une des explications majeures de la crise de 2008 : le marché, « abandonné au seul principe de l'équivalence des valeurs des biens échangés », c'est-à-dire soumis aux seuls « rapports du donner et du recevoir entre sujets égaux » (Benoît XVI, 2009, § 35), en plus de créer des inégalités au sein de la société, ne parvient pas à produire suffisamment de cohésion sociale et de confiance réciproque pour fonctionner correctement (Lelart, 2010, p. 106).

L'accroissement systémique des inégalités entre les groupes sociaux à l'intérieur d'un même pays et entre les populations des différents pays, c'est-à-dire l'augmentation massive au sens relatif, non seulement tend à saper la cohésion sociale et met ainsi en danger la démocratie, mais a aussi un impact négatif sur le plan économique à travers l'érosion progressive du capital social, c'est-à-dire de cet ensemble de relations de confiance, de fiabilité, de respect des règles, indispensables à toute coexistence civile.

[Benoît XVI, 2009, § 32]

La régulation par le marché des activités économiques repose sur une logique d'échange. La volonté des parties de contracter est entretenue par une confiance réciproque, qui réclame de chacune des parties des vertus personnelles, de fiabilité, d'honnêteté, de respect de la parole donnée, écartant les risques de recours ou de rupture du contrat. Cette confiance réciproque est une nécessité pour l'efficacité même du marché, espace de rencontre (physique ou symbolique) entre les co-contractants, qui doit pouvoir garantir à tous de tirer des transactions qui s'y opèrent une satisfaction de leurs besoins et de leurs désirs (Benoît, 2009, § 35).

Au côté de cette confiance réciproque, Benoît XVI évoque un second pilier sur lequel doit s'appuyer le marché pour remplir sa fonction économique de régulation :

Le grand défi qui se présente à nous, qui ressort des problématiques du développement en cette période de mondialisation et qui est rendu encore plus pressant par la crise économique et financière, est celui de montrer, au niveau de la pensée comme des comportements, que non seulement les principes traditionnels de l'éthique sociale, tels que la transparence, l'honnêteté et la responsabilité, ne peuvent être négligés ou sous-évalués, mais aussi que dans les relations marchandes, le principe de gratuité et la logique du don, comme expression de la fraternité, peuvent et doivent trouver leur place à l'intérieur de l'activité économique normale. C'est une exigence de l'homme de ce temps, mais aussi une exigence de la raison économique elle-même. C'est une exigence conjointe de la charité et de la vérité.

[Benoît XVI, 2009, § 36]

Il réintroduit de fait dans la mécanique du marché la logique de don et le principe de gratuité, trop souvent considérés comme l'apanage du cercle familial et des milieux caritatifs. Il étend au domaine marchand cet impératif de solidarité, qui doit permettre de consolider ou de créer la sociabilité dont il a besoin pour fonctionner, et qu'il se montre incapable de faire émerger seul (Lelart, 2010, p. 106). En cela, il diverge drastiquement de la perspective smithienne qui faisait de l'échange une propension naturelle, intrinsèque de la sociabilité humaine.

L'action gratuite relève « de cet art difficile de traiter avec respect le besoin perçu chez l'autre. La logique du don gratuit se fonde sur cette primauté du lien sur le bien », et diffère en cela de la logique marchande du « donner pour recevoir » (Benoît XV, 2009, § 39), dans laquelle l'accent est mis sur la nature ou la valeur de la marchandise.

En un sens, le don gratuit considère en premier lieu le rapport intersubjectif, la relation à l'autre, une aspiration à la fraternité qui amène inexorablement le donneur, comme le receveur, à sceller une alliance (Zamagni, 2010, p. 382). Pour Benoît XVI, cet aspect de la réciprocité fraternelle doit être présent dans toutes les dimensions de la vie économique (Benoît XVI, 2009, § 38). À cet égard, le marché ne devrait pas seulement être un instrument de profit – bien qu'utile (Benoît XVI, 2009, § 21) – mais également une institution où l'on exprime ses capacités avec un esprit de service et où l'on consolide un réseau de relations interpersonnelles, qui ne peut que favoriser les rapports marchands : « En dehors d'un contexte de socialité, l'échange commercial ne peut réussir à produire les effets escomptés, car la seule force de la loi ne saurait suffire à rendre exécutoires les obligations contractuelles » (Zamagni, 2010, p. 384).

Pour la doctrine sociale de l'Église, la régulation de l'économie par le seul marché n'est pas capable de produire une société fraternelle et pacifiée, nécessaire à son développement. Autrement dit, l'économie isolée de tout cadre juridique ou moral se désagrège de l'intérieur (Benoît XVI, 2009, § 5). Voilà pourquoi, il revient à l'autorité publique de mettre en place « un ordre économico-productif, socialement responsable et à dimension humaine » (Benoît XVI, 2009, § 41). Or, une régulation d'origine politique visant à garantir une société juste et socialement humaine ne suffit pas à elle seule. De l'avis du Pape Benoît XVI, le binôme exclusif marché-État détruit la socialité. Tous deux s'accordent pour perpétuer le monopole de son domaine d'influence. Le marché, en se basant uniquement sur la logique de l'échange (donner pour recevoir), et l'État, en n'envisageant d'autre salut que le recours à la loi (logique du donner par devoir), concourent tous deux à désagréger la société (Benoît XVI, 2009, § 39).

Aussi, le magistère de l'Église souhaite-t-il réintroduire dans l'économie la dimension éthique ou encore les valeurs morales – confiance, l'esprit de don, logique de la gratuité – sans lesquelles le marché ne saurait assurer pleinement sa fonction de régulation de la vie économique.

Conclusion

Il a été question dans ce chapitre de montrer comment la doctrine sociale de l'Église a accepté le marché libre, sans oublier les valeurs religieuses qu'elle défendait. Après avoir longtemps contesté le mouvement d'autonomisation de l'économie et promu l'avènement d'une société chrétienne, l'Église, à partir du concile Vatican II, s'accorde à reconnaitre les bienfaits de l'économie de marché.

Ce changement de doctrine constitue un acquis pour le magistère postconciliaire, qui va intégrer dans ses analyses les bénéfices du marché libre, pour se consacrer entièrement à la réintroduction de la transcendance divine au sein du discours économique, au moyen des valeurs religieuses dont l'économie serait tributaire. Le Pape Jean-Paul II identifie dans le marché libre les éléments de proximité avec l'anthropologie chrétienne ; le Pape Benoît XVI en montre la convergence avec l'esprit de don et la logique de gratuité. Pour l'actuel Pape François, il s'agit d'inscrire l'économie, à tout le moins l'économie de marché, dans une dimension théologico-économique fondée sur des valeurs transcendantes.

Ainsi, les interventions et les discours du Pape François pourraient être analysés dans la continuité[84] de ses

[84] Dans ses discours et interventions, le Pape François se réfère de manière explicite à l'enseignement traditionnel de l'Église, notamment à la doctrine sociale de l'Église. Ceci se produit souvent lorsque les questions qui lui sont posées cherchent à insinuer qu'il n'est pas en continuité avec ses prédécesseurs. Par exemple dans l'avion, lors de son retour des États-Unis, le 28 septembre 2015, à la question de savoir s'il est « le Pape communiste » ou « le Pape catholique », le Pape François répond : « Je suis certain de n'avoir rien dit de plus que ce qui se trouve dans la doctrine sociale de l'Église. Ma doctrine de l'encyclique *Laudato Si*, sur l'impérialisme économique, etc. est la doctrine sociale

prédécesseurs qui cherchent à corriger les limites de l'économie, en particulier l'économie de marché, au moyen d'un recours aux valeurs religieuses.

« Nous ne pouvons plus avoir confiance dans les forces aveugles et la main invisible de marché », écrit le Pape François (François, 2013, § 204). Bien que la prospérité économique présuppose cette « main invisible », le concours des intérêts privés appréhendés par les mécanismes de marché peut s'avérer néfaste au niveau sociétal. D'ailleurs, « la fragilité des systèmes mondiaux face aux pandémies [notamment celle du Covid 19] a mis en évidence que tout ne se résout pas avec la liberté de marché » (François, 2020, § 168). Ainsi le Pape François, dans la continuité de ses prédécesseurs, est convaincu « qu'à partir d'une ouverture à la transcendance [divine] pourrait naître une nouvelle mentalité politique et économique, qui aiderait à dépasser la dichotomie absolue entre économie [notamment l'économie de marché] et bien commun social » (François, 2013, § 205).

---

de l'Église. S'il est nécessaire que je récite le Credo, je suis prêt à le faire ! » (Lombardi et Armogathe, 2018, p. 96).

CONCLUSION GÉNÉRALE

L'objectif de cet ouvrage était d'analyser les principales transformations du lien entre économie et religion. Plus précisément, nous avons analysé comment l'économie s'était dissociée de la religion au gré d'une spécialisation disciplinaire et quelles avaient été les réactions de l'Église, par le biais de sa doctrine sociale, face à cette redéfinition des liens entre économie et religion.

Pour nourrir cette réflexion, nous avons choisi d'analyser d'un point de vue historique les écrits des philosophes, des religieux et des économistes. Ainsi, le premier chapitre s'est appuyé sur la lecture de deux types de littérature : les écrits religieux – centrés sur les conciles œcuméniques, la pensée scolastique – qui proposent une vision morale de l'intérêt personnel, d'une part ; et les écrits des penseurs des XVIIe et XVIIIe siècles, qui aboutissent à une dissociation de l'économie de la morale religieuse, d'autre part.

L'analyse de ces différents travaux nous a permis de comprendre le rôle que pouvaient jouer les valeurs morales et la foi dans la vie économique, et de révéler non seulement les innombrables controverses – par exemple, celles liées au caractère immanent ou transcendant de la morale – qui surgissent lorsque le discours religieux touche à l'économie et inversement, mais aussi de percevoir le conflit fondamental entre le discours de l'Église, ou la théologie, et la science moderne depuis les XVIIe et XVIIIe siècles.

Par ailleurs, ce premier chapitre nous a permis de mettre en évidence que la science économique est le résultat de l'émancipation de la notion de l'intérêt personnel de la morale religieuse. La première tentative de séparation de l'économie de la morale remonte aux théoriciens du contrat social qui – à la suite de Saint Thomas d'Aquin –, à travers leur conception de la propriété et de la monnaie, réhabilitent l'intérêt personnel, mais sans le défaire totalement de ses attaches religieuses. Ensuite, ce sont les Lumières écossaises, et notamment Adam Smith, via sa métaphore de la « main invisible », qui vont reformuler la notion d'intérêt personnel dans le cadre de la sphère économique.

Alors que l'économie s'analysait sous le prisme religieux, la notion d'intérêt personnel, appréhendé via les mécanismes du marché, a favorisé une nouvelle relation entre les deux disciplines, donnant lieu à une économie de la religion au sein de laquelle la religion est devenue un objet d'étude économique à part entière.

Afin d'approfondir ce passage de l'« économie dans la religion » vers une « économie de la religion », nous avons montré, dans le deuxième chapitre, l'évolution de la pensée économique sur la religion, des écrits d'Adam Smith aux travaux les plus récents. De par son analyse du processus d'adhésion à une religion et des mécanismes de financement de l'Église, Adam Smith a posé les bases d'une économie de la religion, qui prendra son essor au XXe siècle. Cette analyse applique à la sphère religieuse la notion d'intérêt personnel théorisée par ailleurs au sein de la sphère marchande ; elle opère ainsi une analogie entre la logique des échanges propre au marché économique et celle des dépenses faites par ceux qui bénéficient de l'instruction religieuse. Ce deuxième chapitre a permis de révéler que les travaux contemporains en économie, qui analysent dans le cadre de la théorie économique standard le phénomène religieux, s'inscrivent pleinement dans la continuité de l'œuvre d'Adam Smith.

Au sein de l'économie de la religion, la sphère religieuse est analysée comme un marché, structuré par des mécanismes de prix et d'incitations. Dans ce cadre, l'intérêt personnel serait le principal facteur à même d'expliquer les comportements des croyants et du clergé, qui sont considérés comme n'étant subordonnés à aucune contrainte d'ordre religieux. Le concept de marché, à l'aune de la notion d'intérêt, est ainsi considéré comme l'unique mode de régulation de la vie sociale, qu'elle soit laïque ou religieuse. L'Église, ne souhaitant pas que tous les idéaux de la transcendance soient abandonnés au profit de l'intérêt personnel, ou que la société soit régulée par les seuls mécanismes de marché, va prôner, comme nous l'avons montré au troisième chapitre, une vision théologico-économique de la vie économique.

Ce troisième chapitre s'est appuyé sur l'analyse du contenu de la doctrine sociale de l'Église, notamment des encycliques promulguées par les Papes de l'Église catholique romaine, depuis *Rerum Novarum* (1891). Cette analyse fait tout d'abord ressortir une certaine stigmatisation par l'Église de la place singulière que l'économie moderne confère à la notion du marché. L'opposition morale de l'Église contre la logique d'une économie autonome se fonde sur le fait que le capitalisme et le socialisme proposent tous deux des voies de coordination, de socialisation et d'organisation qui semblent rompre avec toute transcendance, et confient la régulation de la société à des instances extérieures à l'expérience humaine, qui dicteraient, sans l'aide de Dieu, aux individus ce qu'ils devraient faire. Ensuite, en menant une analyse historico-herméneutique de la doctrine sociale de l'Église, nous avons pu montrer que, même si l'Église stigmatise la manière dont l'économie structure nos sociétés, prônant dans son magistère préconciliaire une société dite « chrétienne », elle incorpore dans son discours, depuis le concile du Vatican II, les dimensions de l'autonomie de l'économie, sans pour autant oublier toute référence aux valeurs morales.

À la suite du concile Vatican II qui reconnait les bienfaits de la loi de l'offre et de la demande, la doctrine sociale de l'Église énoncée par le magistère du Pape Jean-Paul II va intégrer dans ses réflexions les éléments essentiels de la science économique, et va conclure à la convergence entre l'anthropologie chrétienne et la logique du marché libre. Pour le Pape Jean-Paul II, en économie comme dans l'anthropologie chrétienne, l'homme est un être créateur ou « un co-créateur avec Dieu », pour employer les termes théologiques. Par la suite, le Pape Benoît XVI insistera sur la convergence de cette anthropologie chrétienne avec la logique de gratuité et l'esprit du don, que le Christ a incarné toute sa vie.

Accepter les mécanismes de marché libre dans les limites des principes édictés par le Christ, rendre l'économie héritière de la morale religieuse et réhabiliter la transcendance divine au sein de l'économie constitueront ainsi les avancées qu'apporteront les Papes Jean-Paul II et Benoit XVI. Le Pape François, qui se voit chargé de la poursuite de ce triple objectif assigné par ses prédécesseurs, est convaincu que l'ouverture à la transcendance de l'économie aiderait à dépasser la dichotomie entre l'économie de marché et le bien commun social.

Avec le magistère postconciliaire, une autre interdépendance apparaît ainsi, qui n'est pas celle d'une « économie dans la religion », mais celle d'une complémentarité entre l'économie et la religion. L'économie apporte des principes techniques nécessaires, liés au profit, à l'intérêt privé, au marché libre, que la doctrine sociale intègre, éclaire et oriente par ses réflexions éthiques. À l'inverse, l'économie doit s'appuyer sur la religion, en particulier sur les valeurs morales afin d'intégrer les comportements qui doivent être observés en société.

Au total, cet ouvrage est une contribution à la compréhension des rapports qu'entretiennent les deux disciplines : la religion et l'économie. Plusieurs pistes de recherche peuvent être envisagées dans le prolongement de ce travail. Si l'économie de la religion n'a retenu d'Adam Smith que sa conception économique de l'intérêt personnel, d'autres travaux intègrent la dimension morale de ses travaux. Adam Smith, en tant que professeur de philosophie morale, était en effet soucieux de la dimension morale dans la vie économique. Il serait donc pertinent de prolonger notre analyse des liens entre économie et religion en intégrant les travaux en économie, comme ceux d'Amartya Sen, qui ont recours à certains concepts philosophiques d'Adam Smith, afin de proposer un rapprochement entre éthique et économie. Enfin, ce travail, qui a traité essentiellement des interactions entre la religion catholique et l'économie, pourrait être étendu dans des recherches futures à l'analyse des rapports que l'économie entretient non seulement avec les différents courants au sein d'une même religion, mais également avec les grandes religions telles que le confucianisme, l'islam, le judaïsme, l'hindouisme et le bouddhisme.

ANNEXES

Annexe 1. Exemple de tarification des péchés

Péchés	Fin VIe siècle Pénitentiel de saint-Colomba	VIe siècle Pénitentiel de Bède	Fin XIe siècle Pénitentiel De Synodalibus causis de Réginon de Prüm	Xe siècle *Médicus* de BuChard de Worms
Homicide	3 ans de jeûne au pain et à l'eau	D'un clerc ou d'un moine : 7 ans de jeûne ou entrée au service de Dieu ; D'un laïc : 4 ans de jeûne	7 ans de jeûne, si c'est pour venger un parent : 1 ans de jeûne et trois carêmes dans les deux ans qui suivent ; À la guerre : 40 jours de jeûne	Un carême au pain et à l'eau plus de 7 ans de jeûne avec adoucissement progressif et des possibilités de rachat
Adultère	Et a rendu enceinte la femme d'autrui : 3 ans de jeûne en s'abstenant de mets cuits à l'eau, sans toucher à sa femme	3 ans de jeûne et durant la première année sans toucher à sa femme	Adultère avec la femme d'autrui ou avec une religieuse : 7 ans de jeûne ; Avec une vierge : 2 ans de jeûne ; Avec une veuve : 1 an de jeûne	S'attache tout spécialement aux diverses formes de l'inceste
Sodomie	7 ans de jeûne dont 3 ans au pain et à l'eau	7 ans de jeûne en cas de récidive ; 4 ans de jeûne pour la première fois ; pour les lesbiennes, 3ans de jeûne	*Nupsisti cum uxore tua retro* : 40 jours de jeûne	40 jours au pain et à l'eau pour le laïc sans épouse ; s'il est marié, 10 ans de jeûne et si c'est une habitude, 15 ans de jeûne
Bestialité, Masturbation	1 ans de jeûne s'il est marié ; 6 mois de jeûne s'il est célibataire	Un an de jeûne	*Cum pecoribus* : 15 ans	

Note : Les pénitences tarifées : pour chaque péché, le pénitentiel impose une pénitence correspondante. La plupart de ces pénitences consistent en jours et des années de jeûne (allant de 1 jour à 15 ans de jeûne). Et cela est valable pour tous les autres péchés que nous n'avons pas repris dans le tableau ci-dessus : les péchés tels que le vol, le faux serment, l'ivresse, le sacrilège, l'idolâtrie, les pratiques païennes, la magie, les interdits alimentaires, le travail le dimanche ont également leurs pénitences. Source : Chélini (1991, *p. 430–432)*

Annexe 2. Équivalences monétaires des pénitences

2 jours de jeûne	100 Psaumes avec génuflexion ou 2 psautiers sans génuflexion ou bien 1 ou 2 deniers d'aumône par jour de jeûne
2 jours de jeûne	**Faire célébrer une messe**
1 an de jeûne	**300 sous**
Mesures pour les malades ou ceux qui ne connaissent pas les Psaumes et ne peuvent ni jeûner ni veiller	Selon la fortune pour un mois ou un an de jeûne : le prix d'un esclave ; pour un jour : 1 ou 2 deniers Paiement d'un vicaire qui fera la pénitence à la place du pécheur

Note : Le pénitentiel du PS Théodore au VIIIe siècle. Chaque pénitence avait son équivalence pénitentielle. Par exemple, un an de jeune avait pour équivalence « 300 sous », deux jours de jeûne avait pour équivalence 1ou 2 deniers d'aumône. Source : *Chélini (1991, p. 434)*

Annexe 3. Les impôts pontificaux au Moyen-Âge, les contribuables, les contreparties et les assiettes fiscales

Impôts pontificaux	Les contribuables	Les contreparties	L'assiette fiscale
Les procurations	Les curés des paroisses	Les visites pastorales	Minimum fixé
Les annates	Les curés, les prieurs, les chapelains, etc.	Collation des bénéfices mineurs	Le dixième du profit de la première année
Les Services communs	Les évêques et les abbés	Collation des bénéfices majeurs	Le tiers de revenus brut de la première année
Les redevances	Les évêques en visite ad limina	Visite des tombeaux des apôtres Pierre et Paul	Négociée entre l'évêque et la chambre apostolique
Les décimes	Tous les ecclésiastiques (sauf les cardinaux et l'ordre hospitalier de Saint Jean de Jérusalem)	L'exploitation des bénéfices	Le dixième du profit de chaque année
Les Subsides caritatifs	Tous les ecclésiastiques	Un don volontaire Négociée entre le Pape et les contribuables	Parfois fixée par la Chambre apostolique
Droit de pallium	Les métropolitains (les archevêques)	L'attribution de pallium	Forfaitaire
Cens	Certains établissement religieux (monastères exempts)	Protection apostolique	Très variée : en nature, denrée alimentaire, soi, lin, lingots d'or, etc.
Droit de dépouille	Tous les ecclésiastiques		A la mort des ecclésiastiques : leurs biens reviennent àla Papauté
Les vacants	Les bénéfices vacants dont leurs collations reviennent au Pape		Le Pape se reverse tous les revenus des bénéfices vacants

Source, d'après Samaran et Mollat (1905) ; Favier (1966) et Genaquand (2018)

RÉFÉRENCES BIBLIOGRAPHIQUES

Abbott, A. (2020). *Faits et valeurs.* Paris, Collège de France, 120 p.

Agostino, M. (1991). *Le Pape Pie XI et l'opinion (1922-1939).* Persée, Publications de l'École française de Rome, 150 p.

Aimone, J. A. ; Iannaccone, L. R. ; Makowsky, M. D. et Rubin, J. (2013). "Endogenous Group Formation via Unproductive Costs." *Review of Economic Studies*, 80(4): 1215-1236.

Aladjidi, P. (2006). « Les espaces du don au Moyen Âge : l'exemple de la charité princière. » Actes des congrès de la Société des historiens médiévistes de l'enseignement supérieur public, 37e congrès, Mulhouse, p. 349-356.

Alberigo, G. (1994a). *Les conciles œcuméniques. Tome II, Les décrets.* Volume 1 : *Nicée I à Latran V*, Paris, Cerf, 1140 p.

Alberigo, G. (1994b). *Les conciles œcuméniques. Tome II, Les décrets.* Volume 2 : *Trente à Vatican II*, Paris, Cerf, 1340 p.

Alberigo, G. (1997). *Histoire du concile Vatican II, 1959-1965 : Tome I.* Traduction par Étienne Fouilloux, Paris, les Éditions du Cerf, 575 p.

Ancelet-Nette, D. (2010). *La dette, la dîme et le denier. Une analyse sémantique du vocabulaire économique et financier au Moyen Âge.* Villeneuve-d'Ascq, Presses universitaires du Septentrion, 398 p.

Anderson, G. M. (1988). "Mr. Smith and the Preachers: The Economics of Religion in the Wealth of

Nations." *Journal of Political Economy*, 96(5): 1066-1088.

Antoine, C. (1921). *Cours d'économie sociale*. Paris, F. Alcan, 766 p.

Aristote (est. 323). *La Politique*. Nouvelle traduction avec introduction, notes et index par J. Tricot, Paris, Librairie philosophie J. Vrin, 1995, 595 p.

Arnoux, M. (2010). « Pour une économie historique de la dîme. » *In* Viader, R., éditeur : *La dîme dans l'Europe médiévale et moderne*. Turnhout, Brepols, p. 145-160.

Aron, R. (1967). *Les sociétés modernes*. Textes rassemblés et introduits par Serge Paugam, Paris, Presses universitaires de France, 2006, 1184 p.

Arrow, K. (2011). "Moral Thinking and Economic Interaction." In *Social and Ethical Aspects of Economics: A Colloquium in the Vatican*, p. 29-36.

Ashley-Cooper, A. (1699). *Enquête sur la vertu et le mérite (1715*). Traduction originale de M. Philippe Folliot, professeur de philosophie au Lycée Ango, Dieppe, Normandie. 8 octobre 2006.

Azzi, C. et Ehrenberg, R. (1975). "Household Allocation of Time and Church Attendance." *Journal of Political Economy*, 83(1): 27-56.

Barro, R. J. et McCleary, Barro, R. J. (2003). "Religion and Economic Growth across Countries." *American Sociological Review*, 68(5): 760-781.

Bateman, B. W. et Kapste, E. B. (1999). "Between God and the Market: The Religious Roots of the American Economic Association." *Journal of Economic Perspectives*, 13(4): 249-257.

Baum, G. et Vaillancourt, J.-G. (1992). « Église catholique et modernisation politique. » *Laval théologique et philosophique*, 48(3): 433-446.

Beauvais, H. (1913). *L'Église et les associations ouvrières. Encyclique* Singulari Quadam. Montréal, Secrétariat de l'École sociale populaire, 26 p.

Becker, G. S. (1965). "A Theory of the Allocation of Time." *The Economic Journal*, 75(299): 493-517.

Benoît XVI (2009). *Caritas in Veritate*. Disponible sur https://www.vatican.va/content/benedict-xvi/fr/encyclicals/documents/hf_ben-xvi_enc_20090629_caritas-in-veritate.html

Bergounioux, A. et Cohen, D. (2012). *Le socialisme à l'épreuve du capitalisme*. Paris, Fayard, 384 p.

Bériou, N. et Chiffoleau, J. (2009). *Économie et religion : l'expérience des ordres mendiants (XIIIe-XVe siècles)*. Lyon, Presses universitaires de Lyon, 809 p.

Biziou, M. (2003). *Adam Smith et l'origine du libéralisme*. Paris, Presses universitaires de France, 298 p.

Bourdieu, P. (1971). « Genèse et structure du champ religieux. » *Revue française de sociologie*, 12(3) : 295-334.

Bourdieu, P. (1997). *Méditations pascaliennes*. Paris, Éditions du Seuil, 322 p.

Boutry, P. (1997). « L'encyclique *Rerum novarum* et le climat intellectuel des années quarante du XIXe siècle. » *Publications de l'École française de Rome*, p. 69-89.

Breault, K. D. (1989). "New Evidence on Religious Pluralism, Urbanism, and Religious Participation." *American Sociological Review*, 54(6) : 1048-1053.

Bruley, Y. (2004). *Histoire de catholicisme*. Paris, Presses universitaires de France, 127 p.

Caby, C. (2012). « Les moines et la dîme (XIe-XIIIe siècles): construction, enjeux et évolutions d'un débat polymorphe. » *In* Lauwers, M., éditeur :

La dîme, l'Église et la société féodale. Turnhout, Brepols, p. 369-409.

Caillé, A. (2005). *Dé-penser l'économique. Contre le fatalisme*. Paris, La Découverte/M.A.U.S.S., 307 p.

Calvez, J.-Y. (1989). « Le marxisme au Concile. » *Publications de l'École française de Rome*, 113(1): 689-702.

Calvez, J.-Y. (1999). *L'Église et l'économie. La doctrine sociale de l'Église*. Paris, L'Harmattan, 119 p.

Calvez, J.-Y. et Perrin, J. (1961). *Église et société économique : l'enseignement social des Papes, de Léon XIII à Pie XII (1878-1958)*. Paris, Aubier, 578 p.

Casagrande, C. et Vecchio, S. (2003). *Histoire des péchés capitaux au Moyen Âge*. Traduit de l'italien par Pierre-Emmanuel Dauzat, Paris, Aubier, 409 p.

Chaves, M. et Gorski, P. S. (2001). "Religious Pluralism and Religious Participation." *Annual Review of Sociology*, 27(1): 261-281.

Chélini, J. (1991). *L'aube du Moyen Âge. Naissance de la chrétienté occidentale. La vie religieuse des laïcs dans l'Europe carolingienne (750-900)*. Paris, Picard, 548 p.

Chélini, J. (1983). *L'Église sous Pie XII : La Tourmente (1939-1945)*. Paris, Fayard, 356 p.

Chen, D. L. et Hungerman, D. M. (2014). "Economics, Religion, and Culture: A Brief Introduction." *Journal of Economic Behavior and Organization*, 104(1-3).

Congar, Y. (1960). « L'ecclésiologie, de la Révolution française au Concile du Vatican, sous le signe de l'affirmation de l'autorité. » *Revue des sciences religieuses*, tome 34, fascicule 2-4 : 77-114.

Cornu, M., Orsi, F. et Rochfeld, J. (2021). *Dictionnaire des biens communs*. Paris, Presses universitaires de France, 1392 p.

Dang, A.-T. (1995). « Libéralisme et justice sociale : la clause lockéenne des droits de propriété. » *Revue française d'économie,* 10(4): 205-238.

De Bremond d'Ars, N. (2006). « Les catholiques et l'argent. Une approche de la paroisse par ses finances. » *Archives de sciences sociales des religions*, 133 : 67-92.

De Grauwe, P. (2015). *Les limites du marché. L'oscillation entre les autorités et le capitalisme*. Préface de Jean-Paul Fitoussi, révisé par Pierre Dehez, traduit par Emmanuel Brutsaert, Louvain-la-Neuve, Éditions De Boeck, 200 p.

De Raeymaeker, L. (1961). « Le sens et le fondement de l'obligation morale. » *Revue philosophique de Louvain,* 59 (61) : 76-91.

Demélas, M.-D. (2000). *Militantisme et histoire*. Toulouse, Presses universitaires du Midi, 326 p.

Dermange, F. (2003). *Le Dieu du marché : éthique, économie et théologie dans l'œuvre d'Adam Smith.* Genève, Labor et Fides, 310 p.

Des Cars, J. (2017). « Nicolas II, le tsar broyé par la fatalité. » *In* Hecht, E., éditeur : *La Russie des tsars. D'Ivan le Terrible à Vladimir Poutine*, chapitre 10, p. 215-236. Paris, Éditions Perrin.

Descartes, R. (1647). *Méditations métaphysiques.* Texte, traduction, objections et réponses présentés par Florence Khodoss, Paris, Quadrige, 2012, 315 p.

Deslandes, G. (2010). « Éthique des organisations : le retour de la vertu. » *L'Expansion Management Review,* 137 : 103-111.

Devroey, J.-P. (2012). « L'introduction de la dîme obligatoire en Occident : entre espaces ecclésiaux et territoires seigneuriaux à l'époque carolingienne. » *In* Lauwers, M., éditeur : *La dîme, l'Église et la société féodale*. Turnhout, Brepols, p. 87-106.

Diemer, A. (2013). « Quand le luxe devient une question économique : retour sur la querelle du luxe du XVIIIe siècle. » *Innovations,* 2 : 9-27.

Diemer, A. et Guillemin, H. (2012). « Adam Smith et la physique de Newton. » *Œconomia, History, Methodology, Philosophy,* 41(3) : 327-363.

Dumas, A. (1953). « Intérêt et usure. » *In* Naz, R., éditeur : *Dictionnaire de Droit canonique, tome V,* Paris, Librairie Letouzey et Ané.

Durkheim, E. (1887). *De l'irréligion de l'avenir*. Extrait de la *Revue philosophique*, 1887, 23, p. 299 à 311. Reproduit dans Émile Durkheim, Textes. 2. « Religion, morale, anomie », p. 149 à 165. Paris, Éditions de Minuit, 1975, 508 p.

Durkheim, E. (1912). *Les formes élémentaires de la vie religieuse*. Paris, CNRS, 2014, 300 p.

Durkin, J. T. J. et Greeley, A. M. (1991). "A Model of Religious Choice Under Uncertainty: On Responding Rationally to the Nonrational." *Rationality and Society*, 3(2): 178-196.

Ekelund, R. B. J. ; Hébert, R. F. et Tollison, R. D. (1989). "An Economic Model of the Medieval Church: Usury as a Form of Rent Seeking." *Journal of Law, Economics and Organization*, 5(2): 307-331.

Ekelund, R. B. J. ; Hébert, R. F. et Tollison, R. D. (2005). "Adam Smith on Religion and Market Structure." *History of Political Economy*, 37(4): 647-660.

Ekelund, R. B. ; Tollison, R. D. ; Anderson, G. M. ; Hébert, R. F. et Davidson, A. B. (1996). *Sacred Trust: The Medieval Church as an Economic Firm.* Oxford, Oxford University Press, 224 p.

Favier, J. (1964). « Temporels ecclésiastiques et taxation fiscale : le poids de la fiscalité pontificale au XIVe siècle. » *Journal des savants*, 2(1) : 102-127.

Favier, J. (1966). *Les finances pontificales à l'époque du grand Schisme d'Occident. 1378-1409*. Paris, Éditions de Boccard, 855 p.

Feix, M. (2007). « Du juste prix dans la réflexion sur l'économie du Père Lebret et dans l'encyclique *Populorum progressio.* » *Revue d'éthique et de théologie morale*, 243(1) : 9-48.

Feix, M. (2008). « Développement des peuples et développement durable. De *Populorum progessio* au forum social mondial. » *Revue des sciences sociales*, 82(1) : 1-13.

Finke, R. et Iannaccone, L. R. (1993). "Supply-Side Explanations for Religious Change." *The Annals of the American Academy of Political and Social Science*, 527(1): 27-39.

Finke, R. et Stark, R. (1988). "Religious Economies and Sacred Canopies: Religious Mobilization in American Cities, 1906." *American sociological review*, 53(1) : 41-49.

Fontaine, L. (2014). *Le Marché. Histoire et usages d'une conquête sociale*. Paris, Gallimard, 464 p.

Fourquet, F. (2002). *Richesse et puissance. Une généalogie de la valeur (XVIe-XVIIIe siècles)*, Paris, La Découverte, 317 p.

François (2013). *Evangelii Gaudium*. Disponible sur https://www.vatican.va/content/francesco/fr/apost_exhortations/documents/papa-francesco_esortazione-ap_20131124_evangelii-gaudium.html

François (2015). *Laudato Si*. Disponible sur https://www.vatican.

va/content/francesco/fr/encyclicals/documents/papa-francesco_20150524_enciclica-laudato-si.html
François (2020). *Fratelli tutti.* Disponible sur https://www.vatican.va/content/francesco/it/encyclicals/documents/papa-francesco_20201003_enciclica-fratelli-tutti.html
Fréjaville, A. (2007). « La cité morale des économistes. Essai sur la portée politique de la science économique. » http://www.cite-morale-eco.net/index.htm.
Friedman, B. M. (2011). "Economics: A Moral Enquiry with Religious Origins." *American Economic Review: Papers & Proceedings*, 101(3): 166-170.
Friedman, B. M. (2011). "Economics: A Moral inquiry with Religious Origins." *The American Economic Review,* 101(3) : 166-170.
Gauchet, M. (1985). *Le désenchantement du monde. Une histoire politique de la religion.* Paris, Éditions Gallimard, 336 p.
Gauchet, M. (1998). *La religion dans la démocratie : parcours de la laïcité.* Paris, Éditions Gallimard, 173 p.
Gaudemet, J. et Basdevant, B. (1989). *Les canons des conciles mérovingiens (VIe-VIIe siècles).* Paris, les Éditions du Cerf, 636 p.
Gavignaud-Fontaine, G. (2009). *Considérations économiques chrétiennes de saint Paul aux temps actuels.* Paris, La Boutique de l'histoire, 286 p.
Giraud, G. et Sarr, F. (2021). *L'Économie à venir.* Paris, Les Liens qui libèrent, 207 p.
Genequand, P. (2018). « Des florins et des bénéfices : l'appareil fiscal pontifical au temps de la première modernisation des États (XIIIe-XVe siècles). » *Memini. Travaux et documents*, 24.

Giraud, G. (2018). « Peut-on faire l'économie des croyances ? la religion catholique et l'économie. » *Regards croisés sur l'économie*, 1(22): 141-152.

Godin, H. et Daniel, Y. (1943). *La France, pays de mission ?* Avant-propos de Robert Dumont, préface de Jean-Pierre Guérend, postface d'Émile Poulat, 2014, Paris, Éditions Karthala, 357 p.

Guesnerie, R. (2013). *L'économie de marché.* Paris, Éditions Le Pommier, 234 p.

Gutton, J.-P. (1974). *La société et les pauvres en Europe : XVIe-XVIIIe siècles.* Paris, Presses universitaires de France, 207 p.

Halévy, E. (1996). *La formation du radicalisme philosophique. Tome 3 : Le radicalisme philosophique.* Paris, Presses universitaires de France, 448 p.

Hayek, F. (1976). *Droit, législation et liberté. vol. 2 : le mirage de la justice sociale.* Traduction de l'anglais par R. Audouin, Paris, Presses universitaires de France, 1981.

Hebert de Cherbury, E. (1939). *De la vérité en tant qu'elle est distincte de la révélation, du vraisemblable, du possible et du faux.* Paris, Hachette BNF, 2016, 330 p.

Heckscher, E. F. (1955). *Mercantilism.* Traduit par Mendel Shapiro, revised edition edited by E.F. Söderlund, London & New York, George Allen & The Macmillan Company, 474 p.

Héliot, P. (1963). « Voyages de reliques au profit des églises françaises du Moyen Âge. » Comptes rendus des séances de l'Académie des Inscriptions et Belles-Lettres, 107(1) : 90-96.

Henryot, F. (2007). « La quête dans l'économie franciscaine au XVIIIe siècle : des échanges spirituels et matériels. L'exemple lorrain. » *In*

Burkardt, A., éditeur : *L'économie des dévotions. Commerce, croyances et objets de piété à l'époque moderne*. Rennes, Presses universitaires de Rennes, p. 235-253.

Herlihy, D. (1961). "Church Property on the European Continent", 701-1200. *Speculum*, 36(1): 81-105. hf_j-xxiii_enc_15051961_mater.html, hf_j-xxiii_enc_29061959_ad-petri.html,

Hill, L. (2001). "The hidden theology of Adam Smith." *European Journal of the History of Economic Thought,* 8(1): 1-29.

Hirschman, Albert O. (2005). *Les passions et les intérêts. Justifications politiques du capitalisme avant son apogée.* Traduit de l'anglais par Pierre Andler, 3e édition, Presses universitaires de France, 135 p.

Hobbes, T. (1651). *Léviathan.* Traduit du latin et annoté par François Tricaud (Parties I, II, III et Appendice) et Martine Pécharman (Partie IV), introduction par Martine Pécharman, Paris, Librairie philosophique J. Vrin et Dalloz, 2004, 559 p.

Hull, B. B. et Bold, F. (1985). "Would You Buy a Used Car From This Priest? An Economic Theory of Religion and the Church." *UM-Dearborn Economics Working Papers*, 7, Deaborn: The University of Michigan-Deaborn.

Hume, D. (1751). *Enquête sur les principes de la morale (1751)*. Traduction française de Philippe Baranger et Philippe Saltel, Paris, Garnier-Flammarion, 1991, 346 p.

Hutcheson, F. (1725). *Recherche sur l'origine de nos idées de la beauté et de la vertu.* Avant-propos, traduction et notes par A. D. Balmès, Paris, Librairie philosophique de J. Vrin, 2015, 341 p.

Iannaccone, L. R. (1990). "Religious Practice: A Human Capital Approach." *Journal for the Scientific Study of Religion*, pages 297-314.

Iannaccone, L. R. (1991). "The Consequences of Religious Market Structure: Adam Smith and the Economics of Religion." *Rationality and society*, 3(2): 156-177.

Iannaccone, L. R. (1992). "Sacrifice and Stigma: Reducing Free-riding in Cults, Communes, and Other Collectives." *Journal of Political economy*, 100(2): 271-291.

Iannaccone, L. R. (1998). "Introduction to the Economics of Religion." *Journal of Economic Literature*, 36(3): 1465-1495.

Ibanès, J. (1967). *La doctrine de l'Église et les réalités économiques au XIIIe siècle.* Préface de Jean Lhomme, Paris, Presses universitaires de France, 112 p.

Ined (1966). *Pierre de Boisguilbert ou la naissance de l'économie politique*. Paris, Institut Nationale d'Études Démographiques et PUF, 2 volumes.

Iyer, S. (2016). "The New Economics of Religion." *Journal of Economic Literature*, 54(2): 395-441.

Jaffro, L. (2000). « La formation de la doctrine du sens moral : Burnet, Shaftesbury, Hutcheson. » *In* Jaffro, L., éditeur : *Le sens moral : une histoire de la philosophie morale de Locke à Kant*. Paris, Presses universitaires de France, p. 11-45.

Jaffro, L. (2001). « Shaftesbury (1671-1713): sens moral et culture de la communauté. » *In* Caillé, A. *et al.*, éditeur : *Histoire raisonnée de la philosophie morale et politique.* Paris, La Découverte, Hors Collection Sciences humaines, p. 414-419.

Jaffro, L. (2009). « Ambiguïtés et difficultés du sens moral. » *In* Gautier, C. et Laugier, S., *Normativités* *du sens commun.* Paris, Presses universitaires de France, p. 303-318.

Jean XXIII (1959). *Ad Petri Cathedram.* Disponible sur https://www.vatican.va/content/john-xxiii/it/encyclicals/documents/

Jean XXIII (1961). *Mater et Magistra.* Disponible sur https://www.vatican.va/content/john-xxiii/fr/encyclicals/documents/

Jean-Paul II (1981). *Laborem Exercens.* Disponible sur https://www.vatican.va/content/john-paul-ii/fr/encyclicals/documents/hf_jp-ii_enc_14091981_laborem-exercens.html

Jean-Paul II (1987). *Sollicitudo ReiSocialis.* Disponible sur https://www.vatican.va/content/john-paul ii/fr/encyclicals/documents/hf_jp-ii_enc_30121987_sollicitudo-rei-socialis.html

Jean-Paul II (1991). *Centesimus Annus.* Disponible sur https://www.vatican.va/content/john-paul-ii/fr/encyclicals/documents/hf_jp-ii_enc_01051991_centesimus-annus.html

Kennedy, G. (2009). *The Hidden Adam Smith in his alleged Religiosity.* Presented at the History of Economics Society annual conference, Denver, University of Colorado, June 2009.

Lallement, J. (2012). « Les économistes et les pauvres : de Smith à Walras. » *L'Économie politique*, 3 : 43-66.

Larrère, C. (2010). « Montesquieu et les pauvres. » *Cahiers d'Économie politique*, 2 : 24-43.

Latouche, S. (2001). « Mandeville (1670-1732) : le scandale de la prospérité du vice ». *In* Caillé, A. *et al.*, éditeur : *Histoire raisonnée de la philosophie morale et politique.* Paris, La Découverte, Hors Collection Sciences humaines, p. 409-413.

Laurent, B. (2004). « Le catholicisme face au libéralisme : l'affrontement de deux idéologies. » *Cahiers de recherche, EM Lyon*, 6 : 1-28.

Laurent, B. (2007). *L'enseignement social de l'Église et l'économie de marché*. Paris, Parole et Silence, 367 p.

Lauwers, M. (2012). « Pour une histoire de la dîme et du dominium ecclésial. » *In* Lauwers, M., éditeur : *La dîme, l'Église et la société féodale*. Turnhout, Brepols, p. 11-64.

Le Bras, G. (1925). « Les indulgences. » *Revue des sciences religieuses*, 5(3) : 525-537.

Le Goff, J. (1981). *La naissance du purgatoire*. Paris, Gallimard, 509 p.

Le Goff, J. (1986). *La bourse et la vie. Économie et religion au Moyen Âge*. Paris, Éditions Hachette, 126 p.

Le Goff, J. (2011). *Marchands et banquiers du Moyen Âge*. Paris, Presses universitaires de France, 128 p.

Lebret, L. J. (1961). *Dynamique concrète du développement*. Paris, les Éditions Ouvrières, 464 p.

Lebret, L. J. et Célestin, G. (1954). « Jalons pour une économie des besoins. » *Économie et Humanisme*, 84 : 1-4.

Lebret, L. J., Moreux, R. *et al.* (1942). « Manifeste d'économie et humanisme ». *Économie et Humanisme*, pages 1-18.

Lecaillon, J. (2008). *Foi et Business Model. L'économie de la religion*. Paris, Éditions Salvator, 114 p.

Lecomte, B. (2019). *Le Pape qui a vaincu le communisme*. Paris, Éditions Perrin, 512 p.

Lelart, M. (2010). « Pourquoi Benoît XVI parle-t-il de la microfinance dans son encyclique *Caritas in Veritate*. » *Mondes en développement*, 4 : 97-110.

Lemay, R. (1963). « Dans l'Espagne du XIIe siècle, les traductions de l'arabe au latin. » *Annales. Économies, sociétés, civilisations,* 18 (4) : 639-665.

Lenoble, C. et Toneatto, V. (2019). « Les "lexiques médiévaux de la pensée économique" : Une histoire des mots du marché comme processus de domination et d'exclusion. » *Annales. Histoire, Sciences sociales*, 74(1) : 25-41.

Léon XIII (1891). *Rerum novarum.* Disponible sur https://www.vatican.va/content/leo-xiii/fr/encyclicals/documents/hf_l-xiii_enc_15051891_rerum-novarum.html

Liger-Belair, P. (2017). « Comment tout le monde escroque Adam Smith. » https://www.lesinfluences.fr/Comment-les-banquiers-d-affaire-et-les-Insoumis-escroquent-Adam-Smith.html

Locke, J. (1689). *Essai sur l'entendement, Livres I et II.* Traduction, préface, notes et index par Jean-Michel Vienne, Paris, Librairie philosophique J. Vrin, 2001, 640 p.

Locke, J. (1690). *Deux traités du gouvernement.* Traduction et présentation par Bernard Gilson, Paris, Librairie philosophique J. Vrin, 1997, 282 p.

Lombardi, F. et Armogathe, J.-R. (2018). « Le magistère du Pape François, entre continuité et innovation. » *Communio*, 255(1): 95-104.

Loy, D. R. (1997). "The Religion of the Market." *Journal of the American Academy of Religion*, 65(2): 275-290.

Lynch, J. H. (1991). "Church finances in the Middle Ages." *In* Pacaut, M. ; Fatio, O. et Grandjean, M., éditeurs : *L'hostie et le denier. Les finances ecclésiastiques du haut Moyen Âge à l'époque moderne.* Actes du Colloque de la Commission internationale d'histoire ecclésiastique comparée, Genève, Labor et Fides, 302 p.

Madelin, H. (2013). « Benoît XVI, théologien de la doctrine sociale. » Revue *Projet*, 2 : 84-88.

Mandeville, B. (1714). *La Fable des abeilles*, suivi de *Essai sur la charité et les écoles chrétiennes* et de la *Défense du livre*. Introduction, traduction, index et notes par Lucien et Paulette Carrive, Paris, Librairie philosophique J. Vrin, 1998, 287 p.

Marshall, A. (1890). *Principles of Economics.* Ninth (Variorum) Edition with annotations by C.W. Guillebaud, Volume 1 Text, London, Macmillan for the Royal Economic Society, 1961, 858 p.

Marx, K. (1848). *Manifeste du parti communiste.* Suivi de *Les luttes de classes en France*. Traduit par Régine Cavallaro, Préface de Umberto Eco, Paris, Éditions 10-18, 1962, 208 p.

Marx, K. (1859). *Contribution à la critique de l'économie politique. Introduction aux Grundrisse, dite « de 1857. »* Traduit par Jean Quétier, Paris, les Éditions Sociales, 2014, 280 p.

Mauroy, H. (2011). « La Fable des abeilles de Bernard Mandeville : l'exploitation de son prochain comme fondement de la civilisation. » *Revue européenne des sciences sociales,* 49(1): 85-110.

McCleary, R. M. (2011). "The Economics of Religion as a Field of Inquiry." *In* McCleary, R. M., éditeur: *The Oxford Handbook of the Economics of Religion*, pages 3-38. Oxford University Press, Oxford.

Menuet, M. (2020). *The Relationship Between Theology and Economics: The Contributions of the Early Jansenism*. Working Paper Series, Economic Research 2020-2021, Université d'Orléans, Laboratoire d'Économie d'Orléans (LEO).

Miccoli, G. (2005). *Les dilemmes et les silences de Pie XII : Vatican, Seconde Guerre mondiale et Shoah.* Traduction par Anne-Laure Vignaux, Bruxelles, Éditions Complexe, 472 p.

Monod, J. C. (2013). « La sécularisation : histoire et actualité d'un concept controversé. » *Droit*, 58(2): 3-30.

More, H. (1653). *Conjectura cabbalistica: or, a conjectural essay of interpreting the minde of Moses, according to a threefold cabbala.* London, Thoemmes press, 1997, 251 p.

Musset, L. (1987). La construction monastique au Moyen Âge. *Revue d'histoire de l'Église de France*, 73(190) : 93-106.

Nadeau, R. (1998). « L'évolutionnisme économique de Friedrich Hayek. » *Philosophiques,* 25(2): 257-279.

Naudet, J.-Y. (2020). *La doctrine sociale de l'Église. Tome 4. Une morale économique et sociale.* Aix-en-Provence, Presses universitaires d'Aix-Marseille, 264 p.

North, D. (1691). *Discourses upon trade, principally directed to the cases of the interest, coynage, clipping, increase of money.* New York, Johnson Reprint Corporation, 28 p.

Obadia, L. (2013). *La marchandisation de Dieu. L'économie religieuse.* Paris, CNRS Éditions, 256 p.

Oslington, P. (2012). "God and the Market: Adam Smith's Invisible Hand." *Journal of Business Ethics,* 108 (4): 429-443.

Pape Pie IX (1864). *Encyclique* Quanta Cura *et le* Syllabus. Traduction française, Montréal, Typ. J. Chapleau & Fils, 1882.

Paul VI (1965). *Gaudium et Spes.* Disponible sur https://www.vatican.va/archive/hist_councils/ii_vat

ican_council/documents/vat-ii_cons_19651207_gaudium-et-spes_fr.html

Paul VI (1967). *Populorum progressio.* Disponible sur https://www.doctrine-sociale-catholique.fr/les-textes-officiels/204-populorum-progressio

Perquel, J.-J. (2005). « Protestantisme et essor bancaire. » In *Rapport moral sur l'argent dans le monde*. Paris, Association d'économie financière.

Pie X (1912). *Singulari Quadam.* Disponible sur https://www.vatican.va/content/pius-x/en/encyclicals/documents/hf_p-x_enc_24091912_singulari-quadam.html

Pie XI (1931). *Quadragesimo Anno.* Disponible sur https://www.vatican.va/content/pius-xi/it/encyclicals/documents/hf_p-xi_enc_19310515_quadragesimo-anno.html

Pie XI (1937a). *Divini Redemptoris.* Disponible sur https://www.vatican.va/content/pius-xi/fr/encyclicals/documents/hf_p-xi_enc_19370319_divini-redemptoris.html

Pie XI (1937b). *Mit brennender Sorge.* Disponible sur https://www.vatican.va/content/pius-xi/it/encyclicals/documents/hf_p-xi_enc_14031937_mit-brennender-sorge.html

Polanyi, K. (1944). *La grande transformation. Aux origines politiques et économiques de notre temps.* Préface de Louis Dumont, traduction de Maurice Angeno, Paris, Gallimard, 1983, 419 p.

Polanyi, K. ; Maynadier Arensberg, C. ; Godelier, M. ; Rivière, C. et Rivière, A. (1975). *Les systèmes économiques dans l'histoire et dans la théorie.* Paris, Librairie Larousse, 248 p.

Procacci, G. (1993). *Gouverner la misère. La question sociale en France (1789-1848).* Paris, Éditions du Seuil, 283 p.

Ratzinger, J. (2012). *Catéchisme de l'Église catholique*. Paris, Bayard Éditions & les Éditions du Cerf, 844 p.

Ricardo, D. (1817). *Principes de l'économie politique et de l'impôt*. Paris, Calmann-Lévy, 1970, 349 p.

Roger, B. (2012). *Doctrine sociale de l'Église : une histoire contemporaine*. Paris, les Éditions du Cerf, 336 p.

Rosanvallon, P. (1977). *Le capitalisme utopique. Critique de l'idéologie économique*, Paris, Éditions du Seuil, 248 p.

Rosanvallon, P. (1999). *Le capitalisme utopique. Histoire de l'idée de marché*. Éditions du Seuil, 251 p.

Rothbard, M. (1995). "Mercantilism and Freedom in England from the Civil War to 1750." In *Economic Thought Before Adam Smith*. Edward Elgar Publishing, p. 307-342.

Rousseau, J.-J. (1750). *Discours sur les sciences et les arts. Discours sur l'origine et les fondements de l'inégalité*. Chronologie et introduction par Jacques Roger, Paris, Flammarion, 1971, 249 p.

Rousseau, J.-J. (1762). *Du contrat social ou Essai sur la forme de la république* (Manuscrit de Genève) sous la direction de B. Bachofen, B. Bernardi, G. Olivo, Paris, Librairie philosophique de J. Vrin, 2012, 252 p.

Rubellin, M. (1991). Biens et revenus ecclésiastiques : la doctrine des évêques carolingiens (milieu VIIIe-milieu IXe siècle). *In* Pacaut, M. ; Fatio, O. et Grandjean, M., éditeurs : *L'hostie et le denier. Les finances ecclésiastiques du haut Moyen Âge à l'époque moderne*. Actes du Colloque de la Commission internationale d'histoire ecclésiastique comparée, Genève, Labor et Fides, 302 p.

Saint Thomas d'Aquin (1274). *Somme théologique. Tome 3, II-II, Second volume de la deuxième partie. La foi, l'espérance et la charité. La prudence. La justice. La force. La tempérance. Les charismes et la vie humaine*. Paris, Éditions du Cerf, 1999, 1158 p.

Samaran, C. et Mollat, G. (1905). *La Fiscalité pontificale en France au XIVe siècle (période d'Avignon et grand Schisme d'Occident)*. Paris, A. Fontemoing, 324 p.

Schatz, A. (1907). *L'individualisme économique et social*. Paris, Institut Coppet, 2012.

Scheler, M. (2016). *Trois essais sur l'esprit du capitalisme*. Traduction et préface de Patrick Lang, Nantes, Cécile Defaut (Éditions), 299 p.

Schmidtchen, D. et Mayer, A. (1997). "Established Clergy, Friars and the Pope: Some Institutional Economics of the Medieval Church." *Journal of Institutional and Theoretical Economics*, 153(1) : 122-149.

Schumpeter, J. A. (1954). *Histoire de l'analyse économique : des origines à 1790. I. L'âge des fondateurs*. Traduit de l'anglais sous la direction de Jean-Claude Casanova, préface de Raymond Barre, Paris, Gallimard, 1983, 519 p.

Schweitzer, S. (2011). « Fécondité de l'égoïsme et richesse économique. » In *Éthique et économie de marché*. Actes du dix-huitième Colloque d'éthique économique Aix-en-Provence, 23 & 24 juin 2011, Aix-en-Provence, Puam, p. 87-105.

Scordia, L. (2005). *« Le roi doit vivre du sien. » La théorie de l'impôt en France (XIIIe-XVe siècles)*. Paris, Institut d'Études augustiniennes, 539 p.

Simon, P. (1999). *Peut-on être catholique et libéral ?* Éditions Guibert (François-Xavier de), 233 p.

Simonnot, P. (2008). *Le marché de Dieu. Économie du judaïsme, du christianisme et de l'islam.* Paris, Éditions Denoël, 336 p.

Smith, A. (1759). *Théorie des sentiments moraux.* Texte traduit, introduit et annoté par Michaël Bizou, Claude Gautier et Jean François Pradeau, Paris, Presses universitaires de France, 1999, 469 p.

Smith, A. (1776). *Recherches sur la nature et les causes de la richesse des nations.* 2 volumes. Traduction de Germain Garnier, revue par Adolphe Blanqui, éditée par Daniel Diatkine, Paris, Flammarion, 1991, 531 p. et 637 p.

Stark, R. (1992). "Do Catholic Societies Really Exist?" *Rationality and society*, 4(3): 261-271.

Stark, R. ; Iannaccone, L. R. et Finke, R. (1996). "Religion, Science, and Rationality." *The American Economic Review*, 86(2): 433-437.

Taveneaux, R. (1977). *Jansénisme et prêt à intérêt.* Introduction et choix des textes, Paris, Librairie philosophique J. Vrin, 240 p.

Théret, B. (2014). « Philosophies politiques de la monnaie : une comparaison de Hobbes, Locke et Fichte. » *Œconomia – History, Methodology, Philosophy,* 4(4) : 517-589.

Todeschini, G. (2017). *Les Marchands et le Temple.* Préface de Thomas Piketty, Traduit par Ida Giordano et Mathieu Arnoux, Paris, Albin Michel, 555 p.

Turner, B. S. (2009). "Max Weber on Islam and Confucianism: the Kantian Theory of Secularization." *In* Clarke, P. B., éditeur: *The Oxford Handbook of the Sociology of Religion.* Oxford, Oxford University Press, pp. 79-97.

Vaughn, K. I. (1980). "John Locke's Theory of Property: Problems of Interpretation." *Literature of Liberty: A Review of Contemporary Liberal Thought*, 3(1).

Vaughn, K. I. (2012). *John Locke: Economist, Social Scientist.* Chicago, University of Chicago Press, 194 p.

Viallet, L. (2012). « Pratiques de la quête chez les religieux mendiants (Moyen Âge-Époque moderne). » Revue *Mabillon*, 23 : 263-271.

Vienne, J.-M. (1991). *Expérience et raison. Les fondements de la morale selon Locke*, Paris, Librairie philosophique J. Vrin, 298 p.

Villain, J. (1953). *L'enseignement social de l'Église*. Paris, Éditions SPES, 248 p.

Voas, D. ; Crockett, A. et Olson, D. V. (2002). "Religious Pluralism and Participation: Why Previous Research Is Wrong?" *American Sociological Review*, 67(2): 212-230.

Von Mücke, D. E. (2015). *The Practices of the Enlightenment: Aesthetics, Authorship, and the Public*. Columbia Themes in Philosophy, Social Criticism, and the Arts, New York, Columbia University Press, 326 p.

Weber, M. (1904-1905). *L'éthique protestante et l'esprit du capitalisme. Suivi d'autres essais*. Édité, traduit et présenté par Jean-Pierre Grossein, 2003, Paris, Gallimard, 531 p.

Weber, M. (1913). *Sociologie de la religion.* Traduit et présenté par Isabelle Kalinowski. Paris, Champs-Flammarion, 2006, 512 p.

Weber, M. ; Rubel, M. et Evrard, L. (1960). « La morale économique des grandes religions : essais de sociologie religieuse comparée. » *Archives de sociologie des religions*, 9: 3-30.

Weingast, B. R. (2015). "Adam Smith's Industrial Organization of Religion: Explaining the Medieval Church's Monopoly and Its Breakdown in the Reformation." *Available at SSRN 2675590.*

Yefimov, V. (2001). « Structures sociales en Russie, cellules et réseaux. » *In* November, A., éditeur : *Du socialisme à l'économie de marché*, p. 29-52. Genève, Graduate Institute Publications.

Zamagni, S. (2010). « Gratuité et action économique. » *Revue du MAUSS*, p. 381-388.

Zemmour, R. et Ballet, J. (2016). « Religion et marché : du réductionnisme économique à l'intégration du rôle des croyances. » *Revue française de socio-économie*, 2(17) : 143-161.

Zięba, M. (2002). *Les Papes et le capitalisme : l'enseignement social de l'Église de Léon XIII à Jean-Paul II.* Traduction et adaptation du polonais par Thérèse Wilkanowicz, Saint-Maurice, Éditions Saint-Augustin, 212 p.

TABLE DES MATIÈRES

Dédicace 7

Préface de Cécile Couharde et Aurélien Saïdi 9

INTRODUCTION GÉNÉRALE 15

CHAPITRE I : L'INTÉRÊT PRIVÉ AU PRISME DES CONCEPTIONS THÉOLOGIQUE ET PHILOSOPHIQUE DE L'ÉGLISE 27

Introduction *27*

1. L'intérêt personnel, un concept ancré dans la morale *30*

1.1. La condamnation par l'Église médiévale des passions et de la recherche du gain : une vision morale de l'intérêt personnel 31

1.2. « L'arithmétique des passions » chez les contractualistes du XVIIe siècle : une première réhabilitation de l'intérêt personnel 44

1.3. L'obligation morale chez les contractualistes du XVIIe siècle : une notion encore très ancrée dans le religieux 53

2. De la vision philosophique de l'intérêt privé à son interprétation économique *58*

2.1. Vers une autonomisation de l'intérêt personnel : la morale comme qualité intrinsèque de l'homme 58

2.2. Les premières formulations de la convergence entre les intérêts privés et l'intérêt commun 63

2.3. La substitution de la terminologie économique de l'intérêt à la taxinomie des actions viciées 71

2.4. La thèse d'Adam Smith : synthèse d'une émancipation de l'intérêt personnel hors du cadre religieux 73

Conclusion.. *80*

CHAPITRE II : LA RELIGION COMME OBJET ÉCONOMIQUE.. 81

Introduction.. *81*

1. La dimension économique des pratiques religieuses au sein de l'Église médiévale................ *84*

1.1. Le financement des cultes 84

1.2. L'économie du « Salut » 90

1.3. L'organisation et la gestion financières au sein de l'Église médiévale 96

2. L'analyse des pratiques religieuses chez Adam Smith *104*

2.1. Incitations économiques et activités religieuses.. 105

2.2. Sur les bienfaits de la concurrence entre les sectes 110

3. Sur les pas d'Adam Smith : l'économie de la religion.. *116*

3.1. Comportements religieux : quelle rationalité ? 117

3.2. Organisations religieuses et maximisation du profit.. 123

3.3. La concurrence augmente-t-elle l'efficacité du marché religieux ?.. 129

Conclusion.. *138*

CHAPITRE III : LA DOCTRINE SOCIALE DE L'ÉGLISE : VERS UNE VISION THÉOLOGICO-ÉCONOMIQUE DE L'ÉCONOMIE DE MARCHÉ.... 141

Introduction.. *141*

1. Capitalisme et socialisme, des systèmes socio-économiques en rupture avec la transcendance divine *145*

2. La réponse préconciliaire, de la contestation de l'autonomie à la promotion d'une société chrétienne *155*

2.1. La contestation de la régulation du social sous l'autorité du marché 155

2.2. La promotion d'une société chrétienne sous l'autorité de Dieu 164

3. La dynamique d'acceptation du marché libre par la doctrine sociale de l'Église *172*

3.1. Les bienfaits de l'économie ou les prémices d'une reconnaissance du marché libre par le concile Vatican II 173

3.2. Les points de convergence entre l'anthropologie chrétienne et la doctrine économique contemporaine 181

3.3. Les valeurs morales de solidarité et de confiance à la rescousse du marché libre 191

Conclusion *197*

CONCLUSION GÉNÉRALE 199

ANNEXES 205

RÉFÉRENCES BIBLIOGRAPHIQUES 209

Structures éditoriales du groupe L'Harmattan

L'Harmattan Italie
Via degli Artisti, 15
10124 Torino
harmattan.italia@gmail.com

L'Harmattan Hongrie
Kossuth l. u. 14-16.
1053 Budapest
harmattan@harmattan.hu

L'Harmattan Sénégal
10 VDN en face Mermoz
BP 45034 Dakar-Fann
senharmattan@gmail.com

L'Harmattan Cameroun
TSINGA/FECAFOOT
BP 11486 Yaoundé
inkoukam@gmail.com

L'Harmattan Burkina Faso
Achille Somé – tengnule@hotmail.fr

L'Harmattan Guinée
Almamya, rue KA 028 OKB Agency
BP 3470 Conakry
harmattanguinee@yahoo.fr

L'Harmattan RDC
185, avenue Nyangwe
Commune de Lingwala – Kinshasa
matangilamusadila@yahoo.fr

L'Harmattan Congo
219, avenue Nelson Mandela
BP 2874 Brazzaville
harmattan.congo@yahoo.fr

L'Harmattan Mali
ACI 2000 - Immeuble Mgr Jean Marie Cisse
Bureau 10
BP 145 Bamako-Mali
mali@harmattan.fr

L'Harmattan Togo
Djidjole – Lomé
Maison Amela
face EPP BATOME
ddamela@aol.com

L'Harmattan Côte d'Ivoire
Résidence Karl – Cité des Arts
Abidjan-Cocody
03 BP 1588 Abidjan
espace_harmattan.ci@hotmail.fr

Nos librairies en France

Librairie internationale
16, rue des Écoles
75005 Paris
librairie.internationale@harmattan.fr
01 40 46 79 11
www.librairieharmattan.com

Librairie des savoirs
21, rue des Écoles
75005 Paris
librairie.sh@harmattan.fr
01 46 34 13 71
www.librairieharmattansh.com

Librairie Le Lucernaire
53, rue Notre-Dame-des-Champs
75006 Paris
librairie@lucernaire.fr
01 42 22 67 13

www.ingramcontent.com/pod-product-compliance
Lightning Source LLC
LaVergne TN
LVHW011019061026
849535LV00006B/1969
* 9 7 8 2 1 4 0 3 4 6 0 2 6 *